クドカンの流儀

宮藤官九郎論　名セリフにシビれて

井上美香

言視舎

自虐的イントロ

拝啓　宮藤官九郎さま&これを読んでくださっている皆さま。

はじめまして、井上と申します。

このたび、宮藤さん（以降、言いにくいので状況に応じて「クドカン」を使わせていただきます。呼び捨てにしてますけど、心では「クドカンさん」と言ってますので、その辺りはお汲み取りください）の紡いだ膨大なセリフのなかから、これ！というセリフを選んで何ごとかを考える――そんなだいそれた本を書くことになりました。

このような本を書くからには、ワタシが無類のクドカンファンだと思われるかもしれませんが、そうじゃないんです実は。どうせばれるから最初にお断りしておきますが、ワタシ、宮藤さんの舞台を一度も観たことありませんし、オールナイトニッポンも聞いたことありません、「グループ魂」のことはずっと「チーム魂」だと思っていて、その間違いに気づいたあとも「ぐるーぷたましい」じゃなくて「ぐるーぷだましい」と発音していたくらいなのです。

ちなみに、ワタシにとって、はじめてのクドカン作品は『タイガー&ドラゴン』（2005年、TBS）なんですが、リアルタイムで観たんじゃなくて、放送終了後に面白いという噂が聞こえてきたので、じゃあ観てみようかと軽い気持ちでTSUTAYAに借りにいったという、コアなファンが聞いたらツバをはかれそうなほどのクドカン経験値の低さなのです。

✸凡人にはついていけない

こんなワタシが、クドカンのセリフをネタに本を書こうなど、まるでサメの腹にくっつくコバンザメみたいなものだと自覚しております。と、ここまで読んでブチきれた方はどうぞそのまま本を置いてください（投げ飛ばすのは勘弁です、本に罪はありません）。

でもちょっとだけ言い訳をいうと、数年前に『タイガー&ドラゴン』を全話見終えたとき、すぐに脚本を買いにいったのです。脚本を買うなんて、向田邦子作品以来。かれこれ20数年ぶりのことです。もちろんドラマが最高に面白かったからですけど、ふつうそれだけで脚本なんて買いません。理由は、

「いったいこのハチャメチャな場面展開をどうやって脚本にしてるのか？」

と思ったからです。

カット割りが多いうえに、場面は過去に飛び、未来に飛ぶなど自由奔放に空間移動し、シーンの最後のセリフが次の全然違うシーンに被って、しかもそのセリフが双方の内容にリンクしている（意味わかります？）などなど、これまで観てきたドラマとはエライ違っていたんです。とにかく仕掛けが多すぎて、ＤＶＤを借りて観るたびに、脚本どうなってんの？という疑問が頭から離れなくなってしまったんです。

で、買ってさっそく読んでみました。でも、やっぱりわかりませんでした。出来上がった作品をすでに観ているから映像は浮かんできますけど、脚本だけはじめて読んだら、まったく追いつけないです。

「クドカンの頭の中ってどうなってるの？」

読んでますますわからなくなったというのが率直な感想です。と同時に、この脚本を読んで一発で面白いと判断しドラマ化を決定したプロデューサーや、実際に演出した方の頭の中もどうなっているのか不思議になりました。

「みんな頭良すぎ……？　というかおかしい……？　というかただものじゃない！」

凡人にはついていけない世界に打ちのめされ、それ以来、クドカンの仕事は気になっていたんですけど、日々のあれこれに忙殺されのめり込むことはありませんでした。

そこに、なんとクドカンが天下のＮＨＫの看板ドラマを書くというニュースが入ってきたじゃないですか。あのハチャメチャな脚本を書くひとが、どうやってコンサバなＮＨＫ朝ドラで物語をつむぐのか⁉　これは観ないわけにはいきませんよ。

✸「じぇじぇじぇ！」

そして、ついに楽しみにしていた放送スタートの日がやってきました。

ワタシがこれまで知っているＮＨＫの朝ドラって、はじまってしばらくは主人公の子ども時代が続いたり、あるいは背景説明なんかが中心のスロウなテンポで話が進み、本筋にはすぐに入らないというのがほとんどでした。なので、いくらクドカンとはいえ、まあ１週間はお試し期間で、初回だけ観て、あとは土曜日にダイジェスト版で観ればいいやなんて思っていたんです。

ところがドラマ初回の終盤、13分くらいを過ぎたあたり。それまでナレーターとして落ち着いたトーンで語っていた宮本信子が、いきなり「はい、やっと出ました！　これが私、天野夏でございます」というセリフとともに、本人が海女の姿で海の中から登場したじゃないですか！

「はい、やっと出ました！」って、ハクション大魔王か！　しかもナレーター自身がドラマの中で自分を紹介するというメタ構造。この瞬間、明日の朝も絶対観る！と決めました。と同時に、これは絶対に『あまちゃん』ブームがやってくると確信しました。この時の予想は、あれよあれよという間に現実となり、あちこちで「じぇじぇじぇ！」が連呼されだしたわけです。

それから2年ほどたったある日、編集者S氏の軽〜い思いつきによって、幸か不幸かわかりませんがこの〝クドカン本計画〟が、なぜかワタシのもとにやってきました。いまや国民的脚本家と謳われる（ご本人はきっとそういう呼ばれ方に戸惑っているかもしれませんけど……）クドカンをネタに本にしようなんて、滅相もない。どうする？どうする？やるのか？やらないのか？

考えていると頭の中でいろんな声が聞こえてきます。

「ムリムリムリムリ」

「みっしょんいんぽっしぼー」

「つーかあんた誰？」……etc.

そんなもろもろの声を考えると「ワタシ失敗しないので……」（すみません、違う脚本家さんの決まり文句使ってしまいました）とはとても言い切れません。

でも、わたしがだれであろうと、クドカン作品を愛する一人であることは数多のクドカンファンと違いはないはず。それだけで書く理由はあるのではないか。むしろあまり知らないからこそ、書きながら感動したり、思いがけない発見をしたりするはずで、そんな発作的な本があってもいいかもしれない。それに、もしかするとこの無知蒙昧な行為を、宮藤さんなら目尻のシワを下げて苦笑しながらも許してくれそう（な気もします）。

結局、ワタシは編集者のＳ氏に書くと返事をしてしまいました。というか、この本をいまあなたが読んで下さっているということは、すでに出版されているわけで、もう出てしまったものは元には戻せません。どうか楽しんでもらえますように……と祈るばかり。

というわけで、これから宮藤さんの作品のなかにある、名（迷）セリフを探しに出ます。蚤よりも小さな心に、このセリフを刻んで――。

「そんなもんさ、飛び込む前にあれこれ考えだってや、どうせその通りになんね。だったら、なんも考えず飛び込め。何とかなるもんだびゃ。死にだくねんがらな、

あっははは……（笑）」

（『あまちゃん』第４回、『連続テレビ小説　あまちゃん　完全シナリオ集』第１部43頁）

※以下本書において引用する宮藤官九郎作品の書籍名は189頁に一覧を掲載してあります。本書中出典の（　）内の頁数は当該書籍のものです。

目次

第1話
夢みるおっさん

果たして私は
大人なのか？

いまさらですが、NHK朝の連続ドラマ『あまちゃん』の出現は、その半世紀以上にわたる長い朝ドラ史のなかでも特筆すべきできごとのように思います。少なくともワタシの周囲はそうでした。おっさんの食いつきが尋常じゃなかったんです。これまで、老人と主婦のためのものだった朝ドラの話題に、なかば禿げかかった40〜50代の中年オトコが、がしがしと入り込んできたんですから、驚きというか、正直いってちょっと引きました。

ワタシがこれほど驚いたのには、『あまちゃん』ブームの前に、ある経験をしていたからです。

実は、ワタシが朝ドラを観る習慣がついたのは、2011年に放送された『カーネーション』から。もともと小林薫サマのファンだったもので、観はじめたらこれがはまりまして、脚本はもちろん主役の尾野真千子さんをはじめとする出演者もみな素晴らしく、これはTBSの久世光彦・向田邦子コンビの再来だ！とばかりに嬉しくなりました。そこで、よく行く飲み屋の客とか周囲の友達に、『カーネーション』を観ろ観ろと勧めてたんです。

しかし、ワタシの興奮ぶりとは裏腹に周囲の反応はいまひとつ。特におっさんたちは面倒くさそうに「今更」って顔をして「朝ドラなんか見る時間ないしね……」とか「俺は『おしん』で卒業したからさあ、朝ドラって1回経験すればいいんじゃねえの」とか、けんもホロロだったのです。

✸おっさんたちの目の色

ところがですよ、『あまちゃん』が放送されるや、おっさんたちの目の色が変わりました。『おしん』で朝ドラは卒業したと言ってた知り合いの50代男が、ある晩、「じぇじぇじぇ〜！　あまちゃん観てないの〜？　朝ドラ観ないとだめだよ！」と飲み屋で隣の客を捕まえてエラそうにしゃべっているのを目撃した時には、「お前のほうがよっぽどじぇじぇじぇだろが！」と心のなかでそいつに中指を立ててやりましたよ。

まあ、とにかく『あまちゃん』へのおっさん人気はすごかった。で、そんな男たちと話しているうちに、ある共通点に気がつきました。彼らは示し合わせたように同じセリフを口にしたんです。

「**おれもあんな娘が欲しい！**」（@あまちゃんファンのおっさんたち）

〝あんな娘〟とは、『あまちゃん』の主役・アキですね。つまり、おっさんたちをこれほど画面に釘付けにしたのは、能年玲奈（いまは「のん」という名前なんですってね⁉）扮するアキちゃんの存在が大きかったわけです。

おっさんたちの気持ち、わからないでもないんです、私も彼らと同世代ですから、高校生のアキは娘みたいなものです。アキって、天然キャラで16歳にもなって親に怒られて泣いちゃう素直さがある。しかも、目がくりくりで頬っぺが赤ちゃんみたいで、無垢さが半端ない。ほら、バカな子ほどかわいいっていうじゃないですか。アキもそんな感じで、親の目からみたら、ある意味理想の娘像なのです。

あきN《ナレーション》「『君に言っても仕方ない』という言葉を、水口さんはこの日、23回口にしました。オラも23回、申し訳ねえ気持ちになりました」

（『あまちゃん』第73回、第2部14頁）

アキがアイドルになってからのつぶやきですが、彼女の素朴さと素直さとちょっとおバカなキャラをよくあらわしてますよね。こんな高校生って本当に稀少ですよ。実際の若い女の子たちって、大人を白けて見ているようなところがあるでしょ。ワタシもはるか昔のJK時代はそうでした。だから、おっさんたちがアキを可愛いと思うのはごもっともだと思います。

でも、ワタシは気づいているんですよ。おっさんたちの〝アキを娘にしたい宣言〟は真実であると同時に建前でもあることを……。それは、おっさんの「アキ」を語る目のキラキラさを見ればバレバレです。ギ、ラ、ギ、ラではありません、キ、ラ、キ、ラなのです。

さて、ここからはワタシの推理が多分に入ってますので、へらへらと読んでください。

✹「あんな娘が欲しい」理由

ワタシのにらんでいるところでは、おっさんたちの「あんな娘が欲しい」という言葉の底に流れているのは、

「10代のオレがつきあいたかったけど、いまつきあえないから、娘にしたい」

という声であると踏んでいます。つきあいたいのは〝いまの自分〟じゃないんです。〝少年の自分〟がつきあいたい、なのです。でもそれは現実には無理。だから「あんな娘が欲しい」に変換されるんです。いうなれば、彼女から娘への対象の変換ですね。

そしてこの現象は、おそらくAKBとかおニャン子クラブとかのアイドルに対しては起こりません。その理由をいまからご説明しましょう。

アイドルの女の子たちが売れるための戦略としては、男性が好む最大公約数的な演出が

必要です。おそらく架空の恋人の上限は50〜60代まではいくでしょう。アイドルのマーケットは広ければ広いほどいいですからね。しかもおじさんたちは、お金もってますし。実際に、握手会のためにAKBのCDを何十枚と買っている男を知ってます。その男は、中学生の娘にバレるのを恐れて、余剰CDを居酒屋で配ってました。

そして、『あまちゃん』のもう一人の主役である橋本愛扮する「ユイ」ちゃんもまた、アイドルたちと同じ存在感を男たちに提供するタイプの女の子です。彼女の正統派な美しさと優等生の影に潜むエキセントリックな脆さは、その意外性だけで十分に大人の男を刺激するエロさがあるからです。

ユイ「『頑張』るっていう言葉、大っ嫌いなんです、私」
種市「…なんで?」
ユイ「『頑張ってる』ってことは、つまり報われてないって意味でしょ? 頑張ってるアキちゃんを見て、先輩はあー頑張ってるなーって思うだけ? そんなの、ぜ

んぜん報われない、頑張ってるからどうなの？　好きなの？　嫌いなの？　どっち！」

（『あまちゃん』第43回、第1部384頁）

こんな強烈な言葉を男子に吐けるユイちゃんっていいですよね。ぐいぐいくる感じが刺激的です。私が男だったら、こんな子に押し倒されたい！

つまり、おじさんたちにとってユイちゃんやアイドルたちは、娘にしたいというよりも、〝いまの自分が愛人にしたい〟願望が強いんです。

一方のアキのキャラには、生々しいエロな感情は湧きづらい。どちらかというと甘酸っぱいファーストキスの味。ということは、アキに対するおじさんたちのドキドキ感は、思春期の頃の自分が投影されているとにらんでいます。はっきりいってしまうと、〝童貞の自分〟がアキを好きなんです。アキの無垢さと清純さは、おっさんたちの心を少年時代に引き戻す力がある。おっさんたちはアキを媒介にして、内側は少年・外側は大人という、ある種のトランス状態に陥ったに違いありません。この心的混乱のなかで、社会的体裁を整えるための文脈として落ち着いたのが、「オレの娘にしたい」だった……と。

まあ、ワタシの想像ですけど。
この突拍子もない愚説を一笑に付しているおっさん諸氏もいるでしょうが、クドカン作品に触れてみて、案外この説は的を射ているのではないかと思っているんです。

平助「私だって、先生とか呼ばれて、偉そうに授業なんかやってるけど、中身は学生時代から何も成長していない、この制服がお似合いだ……と思って着てみた。でもさ、キツいだろ？」

（『ごめんね青春！』第8話、261頁）

山路「ただね…果たして、完璧な大人っているのかな？って先生、思います。例えば山じーは来年30です。みんなにとって30歳って言ったら立派な大人だよな。でもね、20年後、自分が30歳になった時、きっとこう思う筈です。『うわー、まだぜんぜん子供だよ』って。『山じーこんな感じだったのかー』って。『彼女いねえ』

とか『バイト行きたくねー』とか『まだ童貞かよー』とか『山じーと一緒かよ』とか」

（『ゆとりですがなにか』第10話、330頁）

平助（@錦戸亮）は高校教師、山路（@松坂桃李）は小学校教師、どちらもホームルームでの一コマです。彼らが吐露したのは、先述した「アキファンのおっさん」と同様の混乱なんですよね。おっさんたちの反応はアキに対する局所的なものですけど、この二人は、そもそも実年齢と内面の落差に違和感を感じている。でも、この心情ってすごくよくわかるんです。

✹大人になるということ

ワタシの場合、大人になるということは、子どもの未熟さの上に、経験で培った分別とか常識とかいった領分が上塗りされていくものだと思っていました。ところが、中年と呼ばれる年齢になったいま、どうもそれは違う。子どもが生まれても、どこか「お母さんプレイ」をしている自分がいるんです。

いったい大人って、どんなひとのことをいうのだろうかと、中年になったいまでも考えてしまいます。ちなみにあの**孔子**は、15歳で学問を志し30歳で自立し40歳で惑わず50歳で天命を知り60歳で動揺せず70歳ですべての行動が道徳的になる（べき）と言ったそうです。ということは、内（心）と外（年齢）の不一致で混乱しているアキちゃんファンのおじさんもワタシも、孔子サマから言わせると、人生の逸脱者ということになりそうです。世の中には、そうした聖人みたいな人もいらっしゃるかもしれませんが、ワタシには正直いって、紀元前の方のはなしなので、いまいちピンときません。

それよりも**リリー・フランキー**さんが、ビールのＣＭでいいことを言ってました。

「大人は子どもの想像の産物だ」。

この言葉を額面通り受けとると、この世に大人なんていないわけで、いないものをいるみたいに「大人になれ大人になれ」いわれるのは迷惑な話です。大人なんて幽霊みたいなものだ、そう思うと気分がすうっと軽くなります。

そこにもってきて、思想家の**内田樹**さんの

「老いるというのは『精神は子どものまま身体だけが老人になる経験』のことだったのである」（『街場のマンガ論』［２０１０年、小学館］）

という一文を見つけました。いやはや、ここまであけすけに言っていただくと、もう嬉

しくなっちゃいます。内田センセイ、あなたもそうでしたか！

リリーさんしかり内田センセイしかり、自分の好きな〝大人たち〟がそういうのなら、ワタシだって全然ＯＫじゃん。もしかしたら、世の「大人」たちの多くは、きっとそうした違和感を感じているか、あるいは感じないように自分をごまかしてるだけなのかもしれません。

ちなみに、我が母もいま齢80ですけど、「自分の年を考えると、えっ誰のこと？って思うわ」と言うので、「じゃあ、内面は何歳くらいなわけ？」と聞くと、「んー、50歳くらいかな」って、それじゃ娘のワタシと同世代やないかい！というオチなんですが……。とまあ、80歳のばあさんでもそんな混乱を抱えて生きているというわけです。

✹「老いの手柄」Ⓒ内田樹

さきの内田センセイは、老いることに対してこんな面白いことも言っています。

「幼児期の自分も少年期の自分も青年期の自分も壮年期の自分も、全員が生きて今、自分の中で活発に息づいている。

そして、もっとも適切なタイミングで、その中の誰かが『人格交替』して、支配的人格として登場する。そういう人格の可動域の広さこそが『老いの手柄』だと私は思うのである」（前掲書）。

つまり大人になるということは、自分の中に存在しているいろんな時代の自分を取り出して楽しむことができるようになるってことなんだ。なるほどなるほど。

で、これを聞いて頭に浮かんだのが、無印良品とかで売られている重ねられるプラスチックケース。年を取るって、中身が更新するんじゃなくて、ケースがどんどん上に積み重なっていくみたいなものなんじゃないか。内田説でいけば、そのケースこそ人格そのもの。いわば人格ケースです。「老いの手柄」とは、つまり、幾層にも重なったケースの引き出しが「最も適切なタイミング」で開閉できることなんですよ、きっと。

たとえば、あまちゃんファンになったおっさんたちは、たまたま観た朝ドラによって、若いころのケースが開いたことになります。ドラマには、引き出しを開ける鍵（キーワード）があちこちに仕込まれていますから。80年代のアイドルやサブカルネタ、当時のテレビ映像などなど、もちろんアキもキーワードの一つです。

でも肝心なことがひとつあります。それは、それぞれのケースの開閉（人格交替）が自在にできないとだめだってこと。自在にできないと、最上段のケースにもどれなくなりますから。だって、世の中をみわたすと、**ケースの開け閉めがうまくできてない**と思われる人たちが結構いますからね。

例えば整形しまくる中年のおばさんたち。彼女たちは、飽くなき美の探求者というよりもワタシから言わせると、〝下段のケースが開きっぱなしになってる症候群〟でしょうね。気分は昔のままなのに、「がわ」はしわが刻まれシミが点在し肉がたるむ――。これは混乱しますし、苦しいです。

ワタシも若干、この病に冒されているくちで、鏡を見るたびに毎回げんなり。精神年齢が顔の老化に追いつかないんです。でもかろうじて整形しないのは、お金がもったいないというケチな性分と、若干の客観性があるからです。いま客観性っていいましたけど、ナニも立派なことじゃない。香水も愛用するとその匂いに麻痺して過剰になるみたいに、顔だってここを直せばあそこも気になる、あそこを直せばさらにこんなところも……と顔の表情がかっちんこっちんに動かなくなっても、平気で整形を続けそうでコワイだけ。

理想って勝手なものでどんどん進化し続けますから、整形スパイラルは底なしです。その意志の弱さへの自覚が、かろうじて客観性を担保しているだけなんです。

最近、街をあるいていると、小学生くらいの娘とお揃いの洋服を着て歩いているお母さんを時々見かけます。ミニスカートとかショートパンツとかを穿いて、頭に娘と同じリボンなぞをつけている方もいたり……。そういうお母さんって、スタイルはいいんです。それなりの体型を保っているから、若い子の洋服も着られる。きっと彼女たちは、セーラー服とかもまだイケルと思っているはずです。本人がそれで幸せなんだから何も言うことはないんですけれど、家族とか夫は、どう感じているんでしょうかね。他人からすれば、『ごめんね青春！』の平助じゃないですけど、コスプレならともかく、いい年齢の女の人が、日常でミニスカートやら髪にリボンは、ちょっとキツい。

年齢と内面のギャップに混乱が生じているということは、そこにまだ客観的視点が残っているからこそ。「老いの手柄」には客観性が不可欠なんです。そう考えると、「アキのような娘が欲しい」というおっさんたちのセリフも、いまの自分から軸足をはずさない「老いの手柄」ゆえに絞り出された言葉なのだと思い至りました。

春子「やめてよ、この部屋でママって呼ばれるとヘンな感じ」

（『あまちゃん』第23回、第1部210頁）

田舎に帰ると、学生時代を過ごした部屋がそのまま残っている人って結構いるんじゃないでしょうか。『あまちゃん』の春子もそうで、20数年ぶりに帰った実家には、タイムスリップしたみたいに当時のまま残された部屋がありました。

苦労して録音したカセットテープ、壁に貼られたアイドルのポスター、机の奥にしまい込まれた交換日記、鉛筆、ノート、漫画、明星や平凡、教科書、学生鞄、ぬいぐるみ、テカテカに光った学生服、宝の箱にしまったままの写真やら手紙やら……。まさに人格ケースの中身がリアルに存在する空間なのです。

このなかで、高校生の娘に「ママ」と呼ばれたときの居心地の悪さ。まるで「ふしぎなメルモちゃん」が青い薬を飲んで急激に大人になってしまった感じといいましょうか。母親の人格と少女の人格が思いがけず鉢合わせしてしまったような、なんとも説明のできない違和感が、「ヘンな感じ」という一言で伝わってくるんですよね。

クドカン作品の登場人物たちは、さまざまな事件や出会いのなかで成長し大人になっていく……というわけではないんですよ。事件やできごと、人間関係の問題にはそれなりの落とし前をつけるけれども、大人になれとは言わない。

「大人」を消化できない大人がいてくれるおかげで、私たちは安心して「大人」になれる……。クドカンがいいたいのは、そういうことなのかもしれません。というわけで、この章の最後にはこの2つの名セリフをどうぞ。

山路「体と違って、心の思春期は生きている限り、続きます」

山路の声「だから大人も間違える、怠ける、逃げる、道に迷う」

（『ゆとりですがなにか』第10話、330頁）

【いまなんつった！　夢見るおっさん編】『木更津キャッツアイ』より

美礼「放して！　口が、口が臭い」

（第2話、77頁）

ひょんなことから一夜を共にしてしまったことで、ストーカーと化した変態上司（＠緋田康人）が迫ってきたときに、思わず叫んだ言葉。これを発したのが、薬師丸ひろ子です。まずそこからしてオモシロいんですが、このセリフについても一言。自分がモテない原因は、年齢だと思っているおっさんたちは多いでしょうけれど、それは違います。おっさんでもモテる人はモテる。結婚しているとかいないとかはこの際関係ありません。モテない要因のひとつは、よく言われることですけどやっぱり〝臭い〟だと思いますよ。加齢臭もありますが、NGなのは口臭でしょうね。というか歯槽膿漏系の臭いですね。

そこでいつも不思議に思うのは、奥さんの存在。独身とか単身赴任ならいざしらず、外で普通に会話するだけでも臭うのなら、奥さんや子どもも気が付くはずだと思うんです。口臭については、家族が注意してあげないと他人は注意できないじゃないですか。口臭を放置しているということは、奥さんが旦那に無関心であるか、子どもたちも遠慮して注意できないということ。それってなんだか寂しい。おっさんの口臭は哀愁の臭いでもあるんです。まさに〝哀臭〟です。あっ、もちろんこれはおばさんにもあてはまる。自戒を込めて言いそえておきます……。

【いまなんつった！　夢見るおっさん編】『鈍獣』より

生瀬「こっち来なさい！（と手を伸ばし摑みかかる）おばちゃんナメんじゃないわよ！　おばちゃんナメるとおじさんの味がするわよ！」
古田「そうよ、おじさんナメても、おじさんの味しかしないわよ！」

（「駅前のタクシー乗り場」の場面、23頁）

臭いの話題が続きますけど、最近、自分の首の後ろからおじさんの匂いがするときがあります。年をとると、ホルモンの関係か、男女の差って縮まっていくようです。もう90歳くらいになると、おじいさんだかおばあさんだか見た目では判断できない人ってたくさんいますよね。でも、男と女は同距離で近づいていくかといえばそうではないと思います。セリフにある通りおじいさんを舐めても、おばあさんの味はしないんですよ（舐めたことはないけど）。女が男に近づいていくんです。

【いまなんつった！ 夢見るおっさん編】『ロケット★ボーイ』より

学「おい、ウォシュレットが熱すぎる、あれじゃ火傷するぞ」

（第5話、214頁）

これって若い男は言わないな。おばさんは多少熱いほうがすきかもしれないけど、逆におじさんって肛門が敏感そう。いやはや想像が止まらなくなりそうなので、やめておきます。

〈いまなんつった！　夢見るおっさん編〉『少年メリケンサック』より

秋夫「ハゲるぞマー君も、今は年下のカワイイ彼氏も、ハゲて太ってくせえ屁ぇこいて」
かんな「マサル君のは臭くないの！」
秋夫「だからやってる音楽も無臭なんだよ」

（シーン75、64頁）

最近は、しょうゆ顔とかソース顔より、塩顔がモテるらしい。塩って無臭ですもんね。でも、そんな塩っぽい男とつきあったら、からからに乾燥して干からびそうです。さきほどから臭いについてあーだこーだと言ってますけど、そもそも人間は臭いものですし、年をとれば臭みも煮詰まってくるのは仕方ない。

鼻が曲がるような悪臭を放置することは避けるべきですが、でも人でもモノでも場所でもそれぞれに臭い（匂い）があって、それが自分には馥郁《ふくいく》とした香りであることを発見したりする。つまり臭いがわからないと人生の旨みもわかりません。そして音楽は、人生にとって欠かせない香辛料とか薬味ですから、臭いのしない音楽なんて鼻水みたいに薄い味噌汁のようで、気色わるいわ。

【いまなんつった！ 夢見るおっさん編】『あまちゃん』より

大吉「だいたいこんな感じの（弥生の服を指し）蛾みたいな服がおいである店（笑）以上が、喫茶リアスの常連客ね」

（第3回、第1部35頁）

蛾みたいな服！　こんなにわかりやすい表現みたことありません。どんな服か説明するまでもありませんよね。このタイプの服は巣鴨や天神橋あたりの商店街から発生したと推測されますが、いまでは全国で目撃されるようになりました。

我が地域の商店街にも多数出没しています。もはや高齢女の一般的ファッションといっても過言ではありません。でも、彼女たちだって若いときには、ああいった服は着ていないんですよ。どのタイミングでそうなるんでしょうか。そういえばワタクシ事ですけれど、むかしは演歌なんて大嫌いだったんです。それが最近、じわーっと染みるようになりまして……、もしやこれは蛾に変態する予兆なのでしょうか？

第2話 ダイブする

不思議の国の
アリスを目指す⁉

春子「地味で暗くて向上心も協調性も存在感も個性も華も無いパッとしない子」
（『あまちゃん』第4回、第1部44頁）

こんなひどい言葉を実の母親から言われ続けられたら、あなたはどう感じますか？　これは『あまちゃん』の序盤で母親の春子（@小泉今日子）がアキを評した言葉なんですが、それにしても、こんな身も蓋もない言葉を投げつける親も親ですが、それをじっと聞き続ける娘も娘ですよね。一体、どんな親子なんだと思います。

アキって子は、こんなキツイ言葉になんの反発の感情も湧かないくらい反応の薄い、猫背でただ息をしているだけの寝ぼけたような女の子として、最初は登場します。

ところが、母の故郷、岩手県北三陸の「袖が浜」を訪れ、海女の祖母・夏（@宮本信子）とはじめて対面し、北三陸の青い海と高い空、優しくおおらかな人たちのなかで暮らすうち、アキの心に変化が起きます。いままでの自分を壊したくなっていく。変わりたい！　心がはっきりとそう叫びだす。でも、変わる方法もわからないし、勇気もない。そんな弱虫の背中を押したのが、まえがき「自虐的イントロ」でも紹介した夏の言葉でした。

なんにも考えずに飛び込め！　そう祖母の夏に言われたアキは、防波堤の上からしばらく海をみつめ、発作的にえいやっと水の中に飛び込みます。深く青い水のなかでもがきながら、ようやく「ぶはあっ！」っと水面に顔を出し、荒い息とともに「あはははは……」と笑いがこみあげてくる――。鮮烈で感動的なシーンでした。そして、このわずか数秒のカットで『あまちゃん』の大成功は約束され、「アキ」の人気は決定的になったんだと思います。

アキはこの瞬間から生まれ変わります。海女になりたい！「なまり」もでてくる。しまいには「オラ、アイドルになる！」と言いだす。けっして上手ではないけど、自分の気持ちや言いたいことをストレートに表現できる子になっていきます。

✹意味もリスクもメリットも未来も過去も何も考えずダイブ

批判を畏れずにいえば、それまであまり目立たなかった凡庸な子が、ある日、なんらかの衝動的行為に及ぶことって、善行愚行を超越して、ある種のエクスタシーを感じます。

人生の半ばにさしかかって、この先がなんとなく見えてきたおじさんたちを夢中にしたのは、意味もリスクもメリットも未来も過去も何も考えずダイブした、アキの迸るような若さでもあったのかもしれません。そしてワタシにとっても、その場面は、震災があり福島の原発が崩壊し、格差社会だ憲法改正だと社会が殺伐とするなかで、日々なんとなく淀んでいた気分に炭酸水をジュワーっと注がれたくらいの心地良い刺激と清涼感を与えてくれました。朝の15分は、夜の1時間に匹敵しますからね。朝ドラでこうしたささやかな幸せを感じることができて儲けもんでした。

ウダウダと悩むなら、ナニも考えずに目をつぶって一歩踏み出してみる、そんな無理やりな力技でしか見えてこない地平がある。それをジャンプというのかダイブというのか冒険というのかはわからないけれど、クドカンはあんな飄々とした風貌（見た目は関係ない？）で、別世界へ飛び込むことの快感と大切さを知ってるひとなのだと思います。

恵子「そーなんですよねえ。勢いでアレしちゃったけど遠いんですよねえ、ここ」

（『ドラッグストア・ガール』シーン15、24頁）

映画『ドラッグストア・ガール』のはじまりのほうで、ヒロインの大林恵子（@田中麗奈）が大学の先輩信次（@荒川良々）につぶやいた言葉です。「アレ」とか「ソレ」とかの代名詞って普段の会話ではよく使いますけど、文字に起こすとすごく存在感があります。ということは、何げないセリフのようで、すごく意識的にクドカンは「アレ」を使っているんですよね。

では、**このドラマの場合の「アレ」とは何か**、その状況をざっとおはなしすると――。

薬科大学の学生でラクロス部に所属する恵子は、ある日、彼氏の部屋を訪ねて、偶然浮気現場に出くわしてしまいます。あまりのショックに、クロス一本だけを握り締め部屋を飛び出し、電車に飛び乗った恵子。泣きながら眠ってしまい、気がつくと車窓の外に見知らぬ風景が。発作的に降りた町は、人っこ一人いないシャッター街。ようやく通りの外れに一軒だけ、店内照明が輝く大型ドラッグストアを発見した恵子は、ひょんなことからそこでアルバイトをすることに。

つまり「アレ」には、「失恋した」も「電車に乗った」「知らない街で降りた」「アルバイトを決めた」も全部入ってる。それを一言で片付けてしまうことで、勢いに拍車がかかったダイブしちゃった気分が、リアルに伝わってきます。

でも、こういう表現って脚本教室とかではあまり推奨されないのではないのでしょうか

（通ったことがないからわかりませんけど）。手抜きの感が否めないというか、少なくともセリフで状況を説明し切るような『渡る世間は●ばかり』のような正統派ドラマ（？）ではおそらく禁止ですよね。

でも、普通の会話って、実際はこうした穴ぼこだらけで成り立っているものです。「そこ」とか「あれ」とかの乱用で、主語もなかったりする。「**あれ、それして！**」で通じてしまうのが普通の会話ですよね。クドカンは、そうした日常の何げない会話のなかの穴ぼこが気になってしまうんでしょうね。でもドラマにすると穴が開いたままでは伝わらない、かといって全部説明すると重い。その穴の開け方が絶妙で、だから架空のセリフがリアルに感じるんだろうなと。

小林「でも彼女はさ、５００㎞がどんくらいの距離かなんて考えもしなかった訳じゃん。だから平気で走っちゃったわけでしょ。凄いよねえ」

（『ロケット★ボーイ』第４話、199頁）

〝彼女〟というのは、主人公の旅行代理店社員・小林晋平が修学旅行を担当した仙台の高校の生徒。その子が「晋平と結婚する」と言い残し、自転車で花巻の自宅から東京に向かったという連絡が入ります。

女の子が晋平に会いに行くと言い残したのは、虚言というか口実でしょうね。深い意味なんてないんです。その子が東京に向かったのは、アキが海に飛び込んだのと同じで、自分の〝いま〟を壊すためのステップですから。準備とか手段を考えていては別世界への扉は開きません。目の前に道が見えていてはダイブにならない。だから少女は、とにかく手近にあった自転車にのって花巻から東京へ向かったんです。

小林「僕ら花巻から東京が遠いって、ホントは知らないくせにさ、なんか経験で分かった気になっちゃってるんだよ。なんか……歳とるって、そういうことなのかな」

（『ロケット★ボーイ』第4話、199頁）

正直いって、アキやこの少女のような生き方に嫉妬しちゃいます。中年になると、こうしたらこうなるとか、ああしたってどうにもならないとか、わかった風なこと言って結局、遠くをみてすごすだけ。家族とか仕事とかプライドとかわずかなお金とか守るものが多くて、なかなか冒険できないいんですよ……ってのも言い訳ですね。次のセリフなんて、まさに自分が叱られている気になりました。

田中「結局さあ悩んでる気になっているだけじゃん。後で自分を納得させる為に悩んでんだろ？　甘ぇんだよ、ホントに選択迫られてたらな、悩んでる時間なんかねえんだよバカ！」

（『ロケット★ボーイ』第2話、86頁）

第3話 やせ我慢の美学

ジョークのない
人生なんて

どん兵衛「ダメでも笑うんだよ、どんなに追い込まれても平気で笑ってられんのが本物なんだ」

（『タイガー&ドラゴン』「品川心中」の回、234頁）

西田敏之扮する林屋亭どん兵衛は、林屋亭一門率いる落語家。噺家としては一流ですが、普段はお人好しでいい加減、ミーハーでちょっとスケベで泣き言もいうし、腹は出てるし、髪は力なくまばらで、奥さんに頭が上がらない。つまりその辺によくいるおやじと変わりません。

でも、どん兵衛さん、さすがに師匠だけあってたまにものすごくいいこと言うんです。そのひとつがいま紹介したセリフです。

これぞ「笑い」の極北というか、ひとを笑わせることをずっと考えてきたひとだからこそいえる言葉ですよね。そして多分、クドカンのたどりついた心境でもあると思います。

このセリフにぶつかって、ある作家の言葉を思い出したんです。**バリー・ユアグロー**。

凄く短いヘンな短編を書くアメリカの作家です。彼を知ったのは、雑誌か何かで誰かが紹介していた彼のその言葉からなんです。たしかどこかの手帳に書き写したはずだと探すこと小1時間。ようやく発見しました。引用は正確じゃないかもしれませんが、こんな言葉です。

「笑っている人間というものは、たとえ自分をだしにして笑っていても強いんです。笑っているかぎり降伏ではない」(by バリー・ユアグロー)

「笑い」っていうのはつまり「滑稽」であるということ。英語ならユーモアですね。じゃあ、この対義語はなんだろうと辞書で調べたら、ペーソスとあり、日本語で哀愁と訳されていました。悲しみ(sadness)ではなく、もの悲しい。感傷が2割くらい入っている感情のことでしょうかね……。ということは、ユーモアにも「おかしい」という単純な作用だけじゃなく、細やかな感情が含まれているわけです。

こういう形容動詞的なカタカナ英語ってけっこうあります。シニカルとかシリアスとかセンチメンタルとかロマンティックとか。ワタシの勝手なイメージなんですけど、それらの言葉を並べてみると、なんかユーモアって格下感が否めません。将棋の駒なら「歩」ですね。だって、空気がぴんとは張りつめたようなまじめな状況のときに誰かがギャグをかますとかジョークで場を崩すって絶対ダメでしょ。「ふざけんな!」っていわれますよね。

✹ユーモアは反応が〝いのち〟

そもそも「ふざけんな!」という言葉自体のポピュラーさこそが、〝ユーモア〟の立場の悪さを物語っています。「哀愁るな!」とか「真剣んな!(シンケンジャーみたい)」とか「センチるな!」とかって言わないですよね。

でも、ペーソスもシリアスもセンチメンタルもシニカルも実はとても脆いものだと思うんです。どれも自己完結した世界の言葉だから。ヘタをすると陶酔作用さえある。陶酔って思い込みでしょ。それって危険ですよね。だから、うまくいかないと怒ったり落ち込んだり、悲劇に取り込まれやすい面もある。

それに比べてユーモアって、「ふざけんな!」って邪険にされても、「はいはい、すんません」って引っ込めばいいくらいの身軽さがある。その軽さって、ちゃらんぽらんってことじゃなくて、自分独自の裁量だけで立っていられる強さからくる余裕なのだと思います。

竜二「オレ、追い込まれた時とか、後で誰かに喋る時のこと考えるんスよ、それこそヤクザにからまれた事もボッタクリに遭った事もありますけどね、そういう時にこう、その状況を友達に喋ってる自分を想像して、まだ足りねえ、こんなもんじゃ笑い取れねえぞって……小虎さんだって今この状況を誰かに喋りたくないスか?　喋って笑い取りたくねえっスか?」

（『タイガー&ドラゴン』「三枚起請」の回、上93頁）

このセリフは、竜二と虎児（小虎）がある事件に巻き込まれ、死を強く意識するシーンのセリフです。

さきほども言いましたけど、ユーモアは他者の反応が〝いのち〟。誰かの反応があってこそ、その存在が証明されるものです。つまり他者を必要とするということは、その場客観性とか距離感がないと発現しない。自分が危機に陥っているときにさえ、そんな自分を少し上から見下ろして、自虐的に笑ってみることで、絶望感から少しだけ逃れられることってあると思うんですよね。どうせ死ぬなら絶望のどん底で死ぬより、へらへらと笑って死んだほうがいいというか、そういうやせ我慢を貫くための「ユーモア」というのもあるはずです。
クドカンが脚本を書いたドラマ『流星の絆』も、ギャグやジョークがあちこちにちりばめられて賛否両論分かれたようですね。だって物語は、両親を惨殺された3兄弟が犯人に復讐するというもので、とても笑えるストーリーじゃありません。
それなのにおやじギャク連発で、しまいには「遺族が笑ったっていいでしょ」とまで登場人物に言わせているほど。その理由をクドカンはこう書いています。

「状況が過酷であればあるほど、人は冗談を言い合うし、冗談を言い合った仲間が死ぬからこそ悲しい。これこそ僕は人生の本筋というか、フィクションにおける理想的なバランスだと思います」

（『いまなんつった？』178頁）

『流星の絆』のように愛する人を殺されたときの怒りと悲しみはいかばかりか、想像もつきません。まさに地獄の日々、いや地獄なんて使い古された言葉じゃ言い尽くせない苦しみがそこにはある。小説や映画やドラマでそういう人が出てくる場合は、そのどん底の心のありようが描かれます。

✹人間はオナラをする存在である

でも不謹慎を承知で言えば、そういう悲劇的な場面になると、ふとワタシの中の悪魔が囁くんです。どんな悲しくても、その人だって1週間も水も食事もとらないでは生きていけない。泣きながらでも少しは食べる。食べるとウンコはでる。ウンコはくさい。そして人間だものオナラもでる。ブーと放屁することもあるかもしれない。耳に聞こえる間の抜けた音、馴染みのあるニオイが鼻腔内に漂う。そんな心とは裏腹の体の反応の不条理さに、0・0001秒でも悲しみの糸がゆるむのではないか、などと思ってしまうのです。

たとえば失楽園状態のカップルがいたとします。戻る道も進むべき道もない。死の道行きです。思いはつのり、暇さえあれば顔を見つめ合う。ふとみると、男の鼻の穴から鼻毛が出ている。あるいは、女の鼻の穴に鼻くそが見える。そんな不様な姿も、愛していれば「くすっ」と笑える些細なことに違いありません。でもだからこそ、そんな小さなおかしみが、悲劇を台無しにすることはないのだろうかと心配になるんです。

死を覚悟した人がそんなことで気持ちが揺らぐことはないと思われる方もいるでしょう

けど、じゃあやっぱりオナラの場合はどうでしょう？（しつこくてすみません）。

死のうと決意したときから二人は片時も離れないはずです。唯一そばを離れるときはトイレにいくときだけ。それは仕方ないですよね、便器に一緒に座るわけにはいかないし。問題はやはりオナラなんです。

排便や排尿行為って、人によってはエロスを感じることもあるでしょ。だからそれはシリアスの場でも許容されるんです。でもオナラへのフェティシズムは聞いたことありません。オナラって気まぐれだから、トイレの時にタイムリーに出るとは限らない。むしろ出てほしくない時に急に催すものです。一人なら思い切ってブーッとかできますけど、こんなシリアスの状況でそれはムリ。だから肛門をきつく閉めてトイレに駆け込む。ところがやつは気まぐれだから、今！ってときに出てくれない。あきらめてもどるとまた肛門にやつの気配が近寄ってくる。でもいまトイレにいったばかりだし、何度も行くと変に思われる、どうしよう……。結局、肛門をきつく閉めて我慢する。ガス抜きできないお腹はどんどんふくれてくる。そうこうしているうち、最後の晩餐の時が訪れるわけです。

テーブルにはロマネコンティに鴨とクレソンの鍋。食欲がないのは死へと向かう退廃に酔っているから――、ではなくガス膨満だからです。それでもなんとか出るものも出さず、シリアスのうちに心中に成功すれば悲劇として完結します。でも、もしも最後の最後で、どちらかの肛門が無意識に緩んでブヒヒヒーって凄いオナラが出てしまったら……。心中ムードぶちこわしです。ここからシリアスにもっていくのって結構きついですよね。この状況じゃ、たとえ死んだとしても、実は惰性で死んだってことになりそう。それじゃ悲劇でもなんでもなく喜劇だよなあ、そんなことをついつい思ってしまうんです。

なんだかオナラこそが悲劇の刺客みたいな話になってしまいましたが、現実って、多かれ少なかれどこかにこうした喜劇性をはらんでいると思うんです。それは私たちが〝人間だもの〟だからです。

クドカンの脚本が東野圭吾原作の悲劇を台無しにしているなんていう人もいますけど、彼がドラマに持ち込むユーモアは、フィクションを描く場合でも絶対に譲れないリアリティ、すなわち人間くささなのだと思います。あるいは陶酔することへの照れ隠しか、それへの小さな嫌悪感なのかもしれません。

じゃなきゃ、こんなセリフをわざわざ入れませんよね。


春子「辛い時も楽しい時も腹は減るんだよね、で、焼きそば食べたら歯に海苔つ

くんだよね」

（『あまちゃん』第49回、第1部438頁）

とはいえ、「やせ我慢」もそうですけど、誰かが何かを耐え忍んでいる姿をみると、同情こそすれやっぱりイヤなものです。可哀想だけど、あんまり近づきたくないっていうのが本音じゃないですか。でも、そんな状況を当事者が苦笑してみせると、相手が抱える悲しみや辛さに対するこちらの緊張が少し緩む。ちょっと近づける。笑いの効用は、自分がシリアスな気分に呑み込まれないのと同時に、周囲をシリアスな空気に巻き込まない。つまり自分の運命は自分で引き受けようとする、どこか透徹した自意識がないと生まれてこないワザだと思うのです。これから取り上げるセリフも、そんな自意識をもつ言葉です。

銀次郎「あん時、内心ちょっと思ったんスよ、自分のこと棚に上げてなに言ってんだよ、似合わねえ事してんのどっちだよって、だって全然センスねえのに噺家とかやってるし……だから一緒にこいつ（力夫）んとこ行って暴れてくれた時、

すげえ嬉しかったし、すげえカッコ良かったし……で、3年経ったじゃないスか……俺ね、今すげえ似合わねえ事してんですよ、30人近いヤクザが（眉間）ここに力入れて、二代目二代目って、おう、なんつって、似合わねえっすよ、代わって欲しいっすよ、マジで」

（『タイガー&ドラゴン』「子は鎹」の回、下265頁）

銀次郎（@塚本高史）は、虎児（@長瀬智也）が所属する新宿流星会の二代目です。大学生のときに虎児の下で極道の修業をしますが、責任感は薄く、覇気もない。やくざというより中小企業の跡取り坊ちゃんという感じだったんです。それが3年後、再会した虎児に向かって銀次郎はこう言って本音を吐く。一見、弱音だけど、負けてはいないですよね。やくざなんて全然似合ってないのに、必死で自分の運命を引き受けようとしているのがわかる。やせ我慢って、なんだか色っぽいですよね。

いまなんつった！　やせ我慢の美学編『あまちゃん』より

春子Ｎ「みんなちっとも変わらない…そうアキは言いましたが、本当はちょっと変わったな、と思いました。うまく言えないけど、強さと明るさが増したというか、みな呑気に笑っているのではなく…笑っていられる事が嬉しくてたまらない、そんな笑顔でした」

（第137話、第2部544頁）

へらへらはらはら～と能天気に笑うんではなくて、能動的に「笑う」。はははは～と笑うのって腹筋使うじゃないですか。ためしにお腹に力をいれないで笑ってみてください。空気が抜けたような声しかでませんから。東洋医学では、腹筋は生命力の源なんだそうです。たくさんの破壊や喪失を経験したからこそ、いま大切な人たちと笑い合いたい――。そうした生きることに直接つながっている「笑い」もあるんです。

いまなんつった！　やせ我慢の美学編『マンハッタンラブストーリー』より

江本「失敗してもいい、ていうか失敗したい！　私、土井垣さんと失敗したいの」

土井垣（@松尾スズキ）は2回も離婚経験のある中年男。江本（@酒井若菜）はそんな土井垣に恋をした女の子。周囲に大反対されるけど、彼女はひるまない。強がってますね～。でも説得力がありますね～。そしてこれ以上に大胆な愛の表明は聞いたことありません。しびれます。

（第8話、293頁）

いまなんつった！　やせ我慢の美学編『池袋WGP』より

マコト「だけどタカシさぁ…死ぬなよ」
タカシ「死にますん」
マコト「どっちだよ」

（十手の回、534頁）

仲間が殺され、敵対するチームにたったひとりで乗り込もうとするタカシ。切迫した状況を心配するマコトに、タカシが返したひとこと。石田依良さんの原作には出てこないセリフです。こんな状況にもギャクをいれる。いや、こんな事態だからこそ、ギャグを入れたくなるんですよね。
それにしても、彼らはどうしてそんなにやせ我慢をするのか。その答えが『ゆとりですがなにか』のなかのセリフにありました。

【いまなんつった！ やせ我慢の美学編】『ゆとりですがなにか』より

まりぶ「自分にとって大事なもの、ちゃんと分かってるし。その為にハードな状況で、ズタズタに傷つきながら闘ってるし」

（第8話、260頁）

自分にとって譲れないものが何かを知っていること。それが仕事であれ、恋人であれ、家族であれ、正義であれ不正義であれ、夢であれ、似合わなくても性に合わなくても才能がなくても、冷や汗かきながらそこに向き合う。死守するだけで精一杯かもしれないし、空回りしているのに気がつかないかもしれない。でも……

まりぶ「でもカッコいいじゃん、あれ見てたら、俺もなんかやんなきゃって、思うじゃん、自分探してる場合じゃねえってな」

（第8話、260頁）

やせ我慢している人間がなぜカッコいいのか。きっと、闘っている間、彼らは決して不幸ではないからです。ドン・キホーテが幸福だったように。

いまなんつった！　やせ我慢の美学編『あまちゃん』より

アキ「ダサいけど楽しいがら、ユイちゃんと一緒だと楽しいがらやってだんだよ、ダサいぐらい何だよ、我慢しろよ！　昨日今日じゃねえべ、去年も一昨年もオラ達あダサがったべ！」

（第91回、第2部170頁）

このやせ我慢的セリフ、いろいろ遊べます。

例えば「ダサい」の部分を「貧乏」に入れ替えてみましょう。〝「貧乏」だけど楽しいから、○○ちゃんと一緒だと楽しいからやってんだよ、「貧乏」ぐらい何だよ、我慢しろよ！　昨日今日じゃねえべ、去年も一昨年もオラ達「貧乏」だったべ！〃。これって、売れない芸人コンビの会話みたいでしょ。

「セックスレス」も結構おもしろいです。〃「セックスレス」だけど楽しいから、○○ちゃんと一緒だと楽しいからやってんだよ、「セックスレス」ぐらい何だよ、我慢しろよ！　昨日今日じゃねえべ、去年も一昨年もオラ達「セックスレス」だったべ！〃。倦怠期の夫婦がさらに新しいステージへと進む時の会話みたい。

あと「ブス」とか「不倫」「バカ」とか「ハゲ」などなどマイナスなキーワードをなんでも入れてみましょう。

第4話 デリカシーの世界

他人の問題
に口出すな

鶴子「取っといて下さい、他人のお金なら平気でしょ」

（『タイガー&ドラゴン』「三枚起請」の回、上88頁）

セリフの主は林屋亭どん兵衛の長男どん太の嫁・鶴子（@猫背椿）です。夫のどん太は落語家としてはいまいち。生活のためにバラエティに出まくり、ついには「抱かれたくない男」ナンバー1のレッテルまで貼られてしまいます。鶴子はそんなダメ夫を支えながら、林屋亭の一員として姑や舅とも仲よく暮らす気持ちのいい嫁です。

そんなある日、どん太の弟・竜二がひょっこり実家に帰ってきます。竜二は噺家としての才能を期待されながらも家業を継がず破門同然に家を飛び出し、裏原宿で小さな洋服屋をやっているんですが、そもそもセンスが微妙（要するにダサイ）。商売ベタもたたって、いまだ一間のアパートに仲間二人と暮らす極貧生活から抜け出せずにいます。

久しぶりに家に帰った竜二ですが、照れもあり、間ももたず、口から出るのは文句ばかり。そんな竜二の態度に業を煮やした兄のどん太は、家の借金は竜二の店を出すためだったことを暴露してしまいます。狼狽しながらも素直に感謝できず、逆ギレする竜二に、どん太はついに堪忍袋の尾が切れ大げんかに……。

これが寺内貫太郎一家だったら、父はテーブルをひっくり返し、息子同士は取っ組み合いになり庭に飛ばされて腕を怪我する（息子役だった西城秀樹は本当に父親役の小林亜星に飛ばされて腕を脱臼しました）ってなことになるわけですが、いまは平成の世。団塊世代の父とその息子たちはそこまで激しくありません。

とはいえ、弟子や家族が集まってゲームしたりするような仲むつまじい林屋亭一家としては、茶の間に怒声がひびく状況は修羅場です。母は泣き、自分の居場所のないことを身につまされる竜二は、淋しさとみじめさと自己嫌悪のなか、家からとびだしていきます。それを追ってきたのが鶴子で、すばやく竜二の手に何かを握らせて、言ったひとことがこのセリフです。

この一言を聞いた瞬間、ワタシのなかで、それまで端役としてしか見ていなかった鶴子の存在感がぐーんと上がりました。これは、鶴子の「品性」から出た言葉です。

✿嫁という異分子

ドラマのなかで、鶴子は嫁として一家に溶け込んでいるように見えます。どうしてそう思えるのかというと、家族の誰も鶴子に気を遣わないからです。でも私も嫁の立場を経験してますからよくわかりますけど、気を遣わない、遣わせないって結構大変なことなんですよ。血のつながりって無敵ですから、どうやってもその事実には敵わない。血が繋がっているだけで無条件で承認される、おまけに承認は意識的なものではなく無意識に行なわれるから、血の繋がらない者はどうやったってかないません。

子どもが生まれるとさらに痛切に感じます。子どもは血を分けた私の子ですが、婚家の父母にとっても血のつながった家族です。だから義理の父母が孫を可愛いのは当然なんですが、問題は子どものほうです。

子どもって母親の態度には非常に敏感に反応するものです。機嫌が悪いとかイライラしているとかを肌で感じ取って、甘えたり媚びてきたりします。ですから、義父や義母の前にくると母親がいつもと少しトーンが違うことくらいはすぐに察知します。味噌汁に「お」をつけてお味噌汁といってみたり、ソファでだらだら寝たりしないし、テレビでビールのCMがかかるたびに「ビール飲みて～！」って騒がないとか……これはワタシの場合ですけれど。

じゃあ子どもが、よそゆき顔の母に合わせて、自分もおじいちゃん、おばあちゃんの前で、取り澄ました態度をとるかというと、これが意外なほど図々しい。図々しいというより普通といえばいいのかな。おそらく血の繋がりがなせる態度だと思うんです。もしかしたら、父方の家系図的には自分はお母さんよりランクが上なんだと、無意識にDNAが感じとっているのかもしれないですよね。だから母の態度がよそゆきでも、自分はそれに倣う必要がないというゆとりが行動に出るんです。悪い意味じゃないですよ、当然のことです。

つまり嫁って、どうやっても異分子なんです。だから家族の一人のように振る舞うには、自分が気を遣われないように人知れず気遣いをしなければいけない、という高度なテクニックが必要になってくる。

林屋亭一家で鶴子がひとり浮かないということは、どん兵衛や姑らの気遣いもさることながら、鶴子が血縁に対する尊重とよそ者である自分との間でシーソーのようにバランスを取っているからなんです。だからこそ、血族間でのいざこざが生じたとき、よそ者として突発的な行動が取れるんですよね。

ところがこんなかしこい嫁をもったどん太なのに、そんな嫁の鶴子にこんな暴言を吐くんですよ。それがこれ。

どん太「そりゃそうだよな、抱かれたくない男に抱かれてる女は辛いよな、でもな、抱かれたくない男に抱かれている女を今さら抱きたい男なんかいねえんだよ、つまり抱かれたくない男に抱かれている女を抱くのは抱かれたくない男だけなんだよ！」

（『タイガー&ドラゴン』「饅頭こわい」の回、上194頁）

自虐ネタも芸のうちかもしれませんけど、いくらなんでも、自分の女房にこの言い草はどうなの？って思います。しかしまあ宮藤さんは、よくこういう入れ子構造型のセリフを思いつくものだと思います。

それにしても、鶴子の言葉もそうですけど、クドカンが造形する人たちをみていると、**他者との関係性がはっきりしている**。相手の領域と自分の領域に明確な境界線がある。他者と自己を隔てる縁（フチ）ですね。しかしその縁は堅牢な壁ではなく、一見わからないような繊細な一本の糸がピンと張りめぐらされている感じなんです。

たとえば、このシーンなんか本当に繊細だと思えます。

磯野「（突然立ち上がり）元気出せよおユイちゃんっ！」
一同「え？」
磯野「…あ、すいません。…え？　話ちゃんと聞いてなかったけど、元気ないのがなあって思って」
ユイ「元気ですよ」
磯野「元気ですかぁ！良かったですね！」
座って何事もなかったかのようにミサンガを編む磯野。

（『あまちゃん』第115回、第2部363頁）

磯野（@皆川猿時）は北三陸高校水産土木科の教師です。喜怒哀楽が過剰、身ぶり手ぶりの動作がデカイ、東北人の寡黙なイメージというよりラテン的キャラとして描かれます。そんながちゃがちゃしている磯野先生が傷ついたユイちゃんを励まそうと、勢い込んで声をかけたものの、ユイとのテンションの違いにもじもじしてしまう。不器用で話ベタで、気の利いたスマートなコミュニケーションがうまくできないんですね。メチャクチャ心配しているのに、一定の距離以上入り込まない磯野先生の隠れた繊細さが垣間見えるステキなシーン。ト書きにある「何事もなかったように」というのがミソです。

磯野先生はさらにこんなセリフもあります。

磯野「ユイちゃんを、オラ達はどうしたいんでしょうね」
大吉「おい、変なことを言ったらぶっ飛ばすぞ」
磯野「だって、東京さ行ぐって言ったら切なぐなるし、行げなくなっても切なくなるし…なんとがしてあげだいげど、オラ達にはどうしてあげるごども出来ない。ただこごで、切なくなってるだけなんですよね」

(『あまちゃん』第91回、第2部172頁)

言動も粗野で、見た目も野獣みたいですけど、実は優しい心を秘めている磯野先生。まるでサリーとかチューバッカとかシュレックとか大鹿マロイみたいでコワ可愛い。
デリカシーがあるといえば、磯野先生とはまた違った表現をするのは、アキの祖母、すなわち春子の母の夏（@宮本信子）です。来る者は拒まず去る者は追わない。他人の境界にむやみに入らない。その態度は時に北三陸の海くらい冷たいです。

ヒロシ「黙んねえよ、だって…逃げたんだぞ！」
功「皆さんが居る前で醜態さらす気か！」
夏「どうぞお構いなく」
功「……」
夏「遠慮なくやって下さい、口はさみませんから。オラ達にとっては所詮他人事だし。よしえさんも、それなりの覚悟で戻って来たようですから、ねえ？」
（『あまちゃん』117回、第2部384頁）

『あまちゃん』には、主に3つの家族が登場します。ひとつは主人公・黒川アキとその家族。そして春子（アキの母親）とその両親（天野夏・十兵衛）。3つめが、アキとユニットを組む足立ユイとその家族。ドラマのなかで、一番ジェットコースター的波乱が起きるのは、この足立一家です。

県議会議員の父・功。元アナウンサーの母よしえ。容姿端麗でアイドルを夢みるユイ。東京で挫折しUターンしてきた兄ヒロシ。地元の名士を父に持つ一家ですが、功が倒れてから家族のつながりが大きく揺らぎ始めます。

良妻賢母と評判の母よしえが、介護疲れと毎日の虚しさから突然失踪。アイドルとしてデビューすべく東京行きが決まっていたユイは、この一件で父親の介護をするため夢を断念します。全てに失望した彼女は素行不良になり高校も辞め、やさぐれたヤンキーへと変身。こうしてバラバラになってしまった家族が、どのように再生されていくのかが、ドラマのサイドストーリーの一つになっています。

先の会話は、失踪したよしえが夏や大吉に連れられて、地元っ子のあつまるスナック「リアス」に戻って来る場面で交わされます。母よしえに詰め寄るヒロシを、父が「人前だぞ」と制するのですが、そこに割って入り、つぶやいた夏さんのひとことが効いてきますよね。

「どうぞお構いなく」

この一言って、あんたとわたしの境界線はここまでだよっていう宣言でしょ。だから、世間体なんか気にせず、ちゃんと家族で向き合えということを言っているんだろうと思います。その上さらに、たたみかけるように「オラ達にとっては所詮他人事」と一蹴する。こうして徹底して無関心を表明することで、足立家の傷をこれ以上広げないようにするという態。これを美質といわず、なんといいましょう。

そして、娘の春子（小泉今日子）の場合も、セリフを追っていくと、〝ああ、やっぱり夏さんの娘だなあ〟と思わせる箇所があります。さらに孫のアキもまた、他者に対する距離の取り方が春子や夏のそれとやはり似ているんですよね。

じゃあクドカンが、母・娘・孫という3世代の女たちに通底する性分とか価値観まで考えて、それぞれのキャラクターを作りあげたのかというと、多分それは違うのでしょう。物語を書く人には、こういう体験があるらしいって聞きます。登場人物が勝手に動き出すというか。きっと3人が家族として描かれるなかで、彼らに共通の価値観が書く側に中に醸成されていくんだと思います。

春子「ほら、あばずれの食い物だよ」

ユイ「…」

春子「昔からドラマとか映画の不良はナポリタンを食べるんだよ、粉チーズかけて、ほら食べなよ、唇テカテカにしてさ」

（『あまちゃん』第83回、第2部96頁）

いいですよね、このセリフも。元ヤン・春子の凄みが効いてます。ユイは前述したように母の失踪で夢を叶えられなくなり自暴自棄になっている。春子は「あばずれ」と昭和的で下世話な言葉をあえてユイにぶつけることで、彼女の心を軽くさせてるんですね。春子は他人に対してむやみに同情する人間を信用していません。それは傷ついたユイも同じです。だから春子はユイを突き放す。突き放しながら、見放さない。愛ある場面だと思います。

✸同調圧力

一方、アキは夏とか春子とは少し違って、内省的な性格です。なんてったって「地味で暗くて向上心も協調性も存在感も個性も華も無いパッとしない子」と言われてきたんですから、そう易々と人を突き放すなんて芸当はできません。それでもやっぱり、夏や春子の美徳を継いでいると思ったのが、東日本大震災についての思いを語ったこのセリフ。

アキ「正直分がんねがった。オラに出来るごと、オラがやるべきごどってなんだべって。ずっと考えでだ。東京でテレビ見でだら、あまりに問題が山積みで。何万人のデモ行進どが、何百万トンの瓦礫どが、正直オラひとりじゃどうにもなんねえって気になっつまう。頑張ろうどが、ひとづになろうどが言われでも息苦しいばっかりでピンと来ねえ。んでも、帰って来たら色々はっきりした。とりあえず人は元気だ。みな笑ってる。それは良い事だ。食べるものも…まあ、ある。北鉄も走ってる。それも良い事。んだ、東京さいだら、良い事が耳に入って来ねえんだ。暗え話ばっかりで…あれ?なんの話だ」

（『あまちゃん』第138回、第2部551頁）

アキのこうした態度は、まさに夏と春子につながる距離感の発露だと思います。夏の

「お構いなく」と呼応するデリカシーですよね。このセリフを聞いたとき、よくぞ言ってくれたなあと思ったんですね。

あの時……、「絆」という文字が巷に溢れて、頑張ろうとかトモダチとか、日本はひとつとか、同調してないと非国民って言われそうな勢いで震災復興のスローガンが日本中に鳴り響きました。

被災地に駆けつけた歌手たちが決まって「ふるさと」を歌うのをテレビでみて、なんだかいたたまれなかったんです。ワタシが被災者の立場だったら、こんなときに「ふるさと」なんて歌いたくない。ふるさとが傷ついて、いまだ癒えていないこの状況でこの歌を聞かせようとする気がしれないし、じゃあ、「花は咲く」ならいいのかといわれると、いい歌ではあるけれども、何度も何度もいろんなバージョンで歌われるといい加減、暑苦しいよなあと思ったり……。でも、そういって文句を言っている当の自分は家も流されず、家族も無事で、ただこうして日々何も変わることなく生きている。ボランティアにも行かず、復興の合言葉にも乗れない自分は、やはり超利己的な人間なのだと自問してみたり。とにかく震災に対して、ずっとちぢこまっていたんです。自分に何ができるかといえば、精々、いま普通に生きていられる自分の幸福を小さな祈りのようなものに代えることだけ。そんなぼやけた気持ちを、アキが代弁してくれたような気がしたんです。

ところが、そんな自分の気持ちに対して、またもクドカンはブレーキをかける。このセリフです。

甲斐「熱いよねえ!どうせ売名行為だろうけどさ、日本を元気にしてるよねえ」

（『あまちゃん』第135回、第2部528頁）

アイドル好きな喫茶店のマスター（@松尾スズキ）の言葉ですが、痛烈な皮肉ですよね。でも、ワタシもそうですが、このセリフと同じようなことを考えている人は結構多いんじゃないかな。

とはいいつつも、なんだろうこのセリフ。イヤミであるけれども攻撃性があんまり感じられない。売名行為だろうと悪意だろうと、それは他人の事情。元気が出た人がひとりでもいるなら結果オーライであって、第三者がとやかく言う必要はないという態度なんですよ。これはもしや、いま流行のアドラーの「課題の分離」というもんじゃないか……。いやいや、アドラーさんのことはどうでもいいですね。

　こういうタフで柔和な思考の前では、「ふるさと」を歌うとか歌わないとか、外野からワーワー言っているワタシのような小者は、はじき飛ばされてしまう。宮藤官九郎という作家は、中2病的妄想とか空想を遊ぶ人だと思っていたんですけど、実は、内面には、ちょっとやそっとじゃびくともしない現実主義の岩盤が横たわっているに違いありません。他人の領分に踏み込まないというのは、そうした堅い岩を構成するひとつの要素なんでしょうね。

いまなんつった！ デリカシーの世界編『木更津キャッツアイ』より

教頭「お、岡林、やってるか」
マスター「なにが？」
教頭「やってるか？って聞いただけよ」
マスター「やってますよ」
教頭「行け」

（第1話、26頁）

これは脚本の段階でのセリフで、ドラマでの印象はずいぶん違います。喫茶店に客として入ってきた教頭が、元生徒で店のマスターの岡林（@佐藤隆太）に会って声をかけるという別段どうということもない場面なんですけど、シナリオで読んだとき、なにか気持ち悪く感じてひっかかったんです。この嫌な気分はどこからくるのか、考えてみました。

問題は、教頭の「行け」にあったと合点しました。この時、教頭と同行していたのが、同じ学校の教師で不倫相手だった美礼（@薬師丸ひろこ）。この店で何やら込み入った話をするシーンなのですが、それにしても……、「やってるか？」という男同士のざっくばらんさを醸す言葉をかけつつ、教頭であるこの男には、元生徒の岡林に愛情も興味もないことが、次の「行け」の二文字から透けて見えてしまう。小さな虫を掌にのせて愛でながら、突然、さっと振り払うような冷淡さに満ちています。ちなみに「いまなんつった！夢みるおっさん編」で、「口臭い！」と言われたのは、この男です。この場面、実際のドラマでは随分フレンドリーな演出になっているのですが、デリカシーゼロの欺瞞に満ちた人格を表すなら、絶対シナリオのセリフのままがいいと思います。

【いまなんつった！　デリカシーの世界編】『タイガー&ドラゴン』より

女（注：メグミ）「落語ってあんまり興味ないっていうか終わってるっていうか、別にあってもなくてもいい文化だと思ってたけど、あなたみたいに若いのに全然フレッシュじゃないっていうのも、それはそれで芸だと思うし、今どき素人でもちょっとは気の利いたこと言う時代にダメなものをダメなまま見せるっていうのも逆に好感持ってるっていうか、一周して新しいっていうか、まあ、笑えないけどアリはアリだと思うし、こつこつやってれば誰かが認めてくれるじゃないですか？頑張ってください」

（「三枚起請」の回、上62―63頁）

メグミ「やだ、そういう意味じゃないよ、裏原ってすごくセンスのいいお店ばっかりだから逆にこーいうどっちに転んでもダサいぞっていう、明日も明後日もダサイぞっていう時代に流されない感じって逆に貴重だと思う、私とかダサいっていう感覚つい忘れがちだから、逆にこれ見て思い出すね、着ないけど、ありがとう」

（「三枚起請」の回、上75頁）

このふたつのセリフが妙に気になります。覚えるのが大変そうな長セリフの割には、否定しつつ肯定しているのか、肯定しつつ否定しているのかよくわからない。結局、**「一周して」ゼロみたいなセリフ**です。でも耳には、その長さも言葉の音も心地がいい。音楽みたいなリズムがあって、何回でもループしたくなるんですよ。

セリフの主は、抜群のスタイルと超人的容貌をもつ青森出身の元キャバクラ嬢のメグミ（@伊東美咲）。こういう不思議なセリフを吐くだけあって、メグミのキャラは独特です。竜二（@岡田准一）をはじめ町の男たちはみんな彼女を狙っているのですが、結局、彼女に振り回される始末。物語の序盤では、男たちが揃いも揃ってメグミが自分のことを好いていると勘違いをして、彼女とお揃いのイニシャル入りのタトゥーを入れるという失態を犯します。結局、タトゥーを入れたのは自分だけじゃないことが発覚するのですが、なぜかだれもメグミを責めないんです。そもそもキャバ嬢の甘言に勝手にのぼせあがった男たちが悪いと言われればそれまでですが、それにしたってタトゥーは痛いし、簡単には消せない。少しは文句を言ってもいいじゃないかと思うのですが、男たちにメグミを憎む気配はありません。

なぜだろう。ワタシが思うに、おそらくそれは〝**彼女に怒っても仕方がない**〟そう思わせる何かがメグミにはあるからではないか。彼女の根っからの悪意のなさがこちら側の怒る気力を消してしまう。もっと言うと、メグミに激しい感情を向けても、糠やのれんみたいに手ごたえがない。

こういうタイプは、そう多くはないけどたまにいます。ワタシの長い歴史にもいました、ひとり。こういう人って、要するに良い子なんですけど、同性からすればめんどうくさい。女性同士のつきあいって、大半は誰かの皮肉や嫌味や愚痴を言い合うことで成り立っています。メグミのようなタイプは、そうした女同士のメインテーマがメインにならない。だから話が進展しないんです。かといって、その親和性のなさに嫌みのひとつでもいってみたところで、彼女に悪意の矢は刺さらない。いや刺さっても痛くない。何せ糠とかのれんみたいな人ですから。

それは多分、心の痛点が普通の人と違う場所にあるからに違いない、ワタシはそう思っているんです。だから、とんでもないところで傷ついたりする。メグミもそういう子です。ちょっと脱線しますけど、クドカンが第49回岸田國士賞を受賞した戯曲『鈍獣』には、心どころか肉体の痛点ももたないとんでもない男が出てきます。それが『鈍獣』というタイトルにつながっているんですが、この物語の不気味さをどういったらいいか。そうですね、内臓って痛覚がないといいますけど、まさにそんな内臓を相手にしているような不条理さが物語全体を覆っています。

メグミは鈍い内臓みたいな人間とは違います。むしろ**デリカシーの塊**といっていい。なんとか相手に喜んでもらいたいという善意と奉仕的精神に基づいているのですが、その心配りが普通とちょっとずれているから、少々おかしなことになるわけです。男たちが勘違いしてタトゥーを入れてしまったのも、彼女の妙な優しさが原因でしょう。先に挙げた2つのセリフには、虎児（@長瀬智也）のお粗末な落語とセンスの悪い竜二の洋服店と、どっちも救いがないけど、それでも何か気の利いたことを言わないではいられないメグミのキャラがよく出てます。しかも、言葉に淀みなくスラスラと言える芸達者ぶり。一見天然キャラのオバカ娘にみえますけど、なかなかどうして。

メグミ「色々考えたんです……東京で遊んでる自分と、田舎で働いてる自分と、どっちが本当の自分か、東京の男ってほら、思ってなくても可愛いねって言うでしょ、保ちゃんは思ってても言わねえでしょ、これってひょっとしたら同じ事なんでねえの？って」

（「三枚起請」の回、106頁）

おバカじゃこんな味のあるセリフは言えませんよ。ちょっと古いけど、マリリン・モンローに喋らせたいと思ったセリフです。そしてこのセリフもあのセリフも、クドカンの頭の中から生まれたということにほとほと驚いてしまいます。まあ、それを言っちゃおしまいですけどね。

『いまなんつった！ デリカシーの世界編』『ゆとりですがなにか』より

宮下「なんで今？このタイミングで？分かんない。あれか、今日はどっちみち傷ついてるから、やけくそで申し込んで、断られても、どっちがどっちの傷か分かんないってか」

（第1話、31頁）


セリフの主、宮下茜（@安藤サクラ）と板間正和（@岡田将生）は食品卸会社の同期入社で、目下、会社に秘密で半同棲中。正和は営業職から関連の居酒屋チェーンに店長として飛ばされてしまいます。ところがいざ店に出てみると、焼き鳥一本も上手く焼けず、バイトに叱られる日々。一方、茜は店舗の統括責任者に昇格。つまり立場は正和より上。

ある晩の茜の部屋での二人。職場恋愛の複雑さのなかで、仕事にも没頭できず恋愛も進まない鬱々した気分を抱える茜に対して、仕事の自信を失い、へこむ正和は、話の流れで「結婚」という言葉を口にする。それを聞いた茜のセリフがこれ。

茜の気持ちはもっともですよね。結婚願望のある女性にとっては、「結婚」すること自体が人生のメインイベントであり祭ですから、プロポーズはイベント開催宣言みたいなものので非常に大事なんですよ。オリンピックでいえば、聖火台に点火するようなもの。そんな大事なプロポーズを、仕事で落ち込んでテンションが下がった状態で言われたんでは、たまったものじゃありません。祭じゃなくて葬式か！ってことになってしまう。正和、デリカシーなさすぎ。

でも意外に、正和みたいなタイプというか、できることなら、**結婚も暗黙のうちに事が**

進んでほしいと思っている男って多いかもしれません。なんとなく結婚しましたというのが理想みたいな。こういうタイプの男には、ドラマチックなプロポーズは期待できませんから、逆プロポーズしてこちらでドラマを演出するくらいの積極的な女の子が丁度いいのかも。じゃあ、この二人はどうだったのか……。まだ観ていないかたは、ＤＶＤで是非ご確認ください。

第5話

恋愛痴情主義

オトコとオンナ
のラブゲーム

《恋の呪い》

「（略）仕方なく好きになったの。好きに理由はないでしょ」

（みうらじゅん『アイデン&ティティ』4、37頁）

これは**みうらじゅん師匠**（大尊敬しているので、とても呼び捨てにできません）**の自伝的漫画『アイデン&ティティ』**の中のセリフで、クドカンが脚本を担当した映画版でもそのまま採用されています。

細かいことを言えば、クドカンのオリジナルではないセリフを取り上げるのは、本書の主旨とは違うかもしれません。でもクドカンが一字も違えず原作のまま採用していることに意味がある。つまりこのセリフはクドカン的にもベストであるはず……ということで、採用決定しました。あしからず。

物語の主人公・中島はバンドマン。ボブ・ディランのようにロックな生き方を理想としているんですけど、現実はそう格好良くはいかない。その悶々とする気持ちを晴らすために、その場しのぎで女の子と寝てしまうような自堕落ぶりで、その行為の後にきまって自己嫌悪に陥るという堂々巡りの日々を送っています。そんな中島のことを学生時代からずっと理解してきた女性がこのセリフの持ち主です。

ここで女性が「好き」になったといった相手は中島ではありません。中島を理解しているとはいえ、そこは男女の仲ですから、何が起こるかわかりません。その男としたのか？という中島の問いかけに、「自然のなりゆきで…」と静かに告げます。

映画では麻生久美子さんが菩薩的な存在感で好演していたというのもあると思うんですけど、このセリフが妙にひっかかる。それで何度も繰り返しつぶやいてみると、意味がますますわからなくなりました。

好きになることに理由はないといいながら、その直前には、仕方なく好きになったと言ってるわけで、わかったようなわからないような煙に巻かれた気分になるんです。その上、このセリフのあとに、彼女はこんな深～い言葉を口にします。

「君は私をマザーだと思っているでしょ……でもマザーっていうのは安定型じゃ決してないのよ　君の憧れている破滅型と背合せにいるのよ」

（みうらじゅん、前掲書39頁）

うーむ、深くて怖い――。ワタシが男で、こんなことを女性に言われたら背筋が凍りますね。図らずも、麻生久美子さんの演技を菩薩的といいましたけど、この女性はマザーというよりやはり菩薩です。菩薩は人間ではありません。ならば仏かといえばそれも違う。慈悲深さと同時に無情さを併せ持つような、どちらかというと「もののけ」に近い。だからこそ、彼女の言葉は呪術性をはらんでいるように感じるんです。いくら言葉の意味を考えても呪われるものは呪われる。そしてそれこそが、恋愛の正体のような気がします。

りさ「まず好きって気持ちが芽生えて、相手を良く見るから、ムキムキに気づくわけです。優しい人が好き、っていう女ほど、人の優しさに気づかないんです。それは優しい人っていう条件で男を探しているからでしょ。好きな相手なら、なにをされても『優しい』と感じると思うの」

（『ごめんね青春！』第4話、143頁）

タマゴが先か鶏が先か論になりますけど、好きだからムキムキが好きになるのか、ムキムキが好きだから好きという気持ちが湧くのか——。うーん、やっぱり恋愛に論理を求めることほど不毛なものはありませんね。

ここで特に気になるのは、好きな相手ならば〝なにをされても「優しい」と感じると思うの〟っていうセリフ。これは完全に魔法にかけられた人の文句でしょ。山口百恵の歌でもあったじゃないですか。あなたが望むなら何をされてもいいのって。しまいには、いけない娘だと噂されてもいいとまでいってしまうんですから……。いたいけな乙女らはこうして恋の呪文に自らが縛られつつ、ついには菩薩という「もののけ」になっていくのでしょうね。

言い忘れましたが、中島の菩薩的彼女が「自然のなりゆきで（しちゃった）」といったのに対してダメ男・中島はなんと言い返したかというと——。

「オレは…好きでしたんじゃないんだっ!!」

まるでママに叱られた子どものセリフでしょ。ホントにもう力抜けます……。

《フーフの塊》

とはいえ、正直言ってワタシのように中年になると、「恋愛」なんていう甘ったるくて歯の浮く言葉自体、日常生活のなかで滅多に出てきません。それよりも歯槽膿漏でリアルに歯が浮き出す年頃ですから、それどころじゃないんです。

かといって、私たち中年世代も恋心がなくなったわけではない。第1話で触れたように、内面は若い頃の自分をいくらでも取り出すことが可能なんです。だから、日頃は、社会が作った「年甲斐」とか「年相応」とかいう仮面をかぶっていても、一皮剝けばみな恋に恋しいはず。

でも、結婚している身でむやみに人を好きになってしまうと後々大変（まあ好きになってしまったら仕方ありませんけどね）。ということで、**バーチャルな恋愛に走る中年**は結構います。ネットの恋愛ゲームにはまったり、若い歌手を追いかけたり、韓流ドラマにはまったり、もちろん『あまちゃん』のアキ好きなおっさんは言うまでもありません。

ワタシの古い女友達（60代）も、息子が独立したことを機に、嵐の桜井くんにはまり、全国津々浦々、彼らを追っかけてどこでも出かけるハードウォッチャーに変貌しました。

でもそれがバーチャルだろうと何だろうと、追っかけを初めてからの彼女は、とてもきれいになったと思います。彼女曰く「どこで遭遇するかわからないから」という理由で、エステに行くわ、服は買うわ、ネイルまでするようになりました。それって間違いなく、恋する女の行動パターンでしょ。

でも残念なのは、夫に対しては、「何も期待はしていない」「でもいまさら離婚なんてしない」んだそうです。これはワタシの知り合いの話ですけど、逆に世の夫たちだって、妻のことを気安い同居人くらいに思っている人もいるはずです。もしくは、妻に自分の母親のような役割を負わせているか。ところが、そんな夫婦でも、お互いに憎しみ合っているわけではないんです。ここが夫婦の不思議なところ。

未婚の方にとっては、こういう夫婦像って虚しく映るかもしれませんね。でも仕方ない一面もあると思うんです。夫婦になれば関係は日常に埋没しますから、恋愛感情を持ち続けるって難しいんです。

しかも欧米と違って、日本で、若い人たちは別にしても、いい大人が人前で平気でハグしたり手をつないで歩く習慣はないでしょ。表面的にでもそうすれば、忘れかけてる恋愛の一欠片でも思い出すかもしれませんけど、なかなかそうはいきません。でもそれって照れ隠しだけじゃないと思います。たしか英語じゃ「夫婦」という単語自体がないそうじゃないですか。ワイフとかハズバンドとか相手に対する関係性の呼称はある。ファミリーもある。しいていうなら夫婦は「カップル」にあてはまるそうですけど、それなら結婚してもしてなくてもいい。日本語の夫婦とはニュアンスが違います。

ワタシが「夫婦」という言葉から受けるイメージって、ある種の〝**かたまり感**〟なんです。「家族」も同じなんですけど、ひとりひとりがくっついている粘土のかたまりみたいなイメージです。このかたまり感覚が個である自分を消してしまう。恋愛って、違和感とか異質感から発するものでしょ。自分と違うから興味を持つし、好きになる。そしてその違和感が何かを知りたくて、あるいはその違和感を払拭したくてさらにディープな関係へと進んでいくわけですから。夫婦ともなれば、すでにそれは実験済み。結婚して「夫婦」という言葉を与えられれば、さらに一体感＝かたまり感は増す。つまり**相手への違和感は薄れ、同時に異性感情も薄れていくんじゃないかと思う**わけです。

ところが、そんな夫婦の陥りがちな運命に抗う二人が『あまちゃん』に出てきます。忠兵衛（@蟹江敬三）と夏（@宮本信子）夫婦です。

忠兵衛「陸さいてえのは山々だが、そしたら本格的にジジィになっつまう。ジジィど一緒にいだら、夏さん、あんだもババァになっつまうべ？　それだけは…我慢でぎねえ、夏さんがババァになるのは…耐えられねえ」

（『あまちゃん』第42回、第1部374頁）

忠兵衛は、マグロ漁船の漁師で年に1回か2回しか家に帰ってきません。おそらく年に200日くらいは外洋に出ているはずです。夏はドラマの中ではクールなキャラクターとして描かれますが、忠兵衛に対してだけは別です。忠兵衛が帰ってきたときの夏の喜びようは、まるで新婚ホヤホヤの若妻みたい。玄関で抱きつくんですから。いくら宮本信子さんが年齢に比べて若い（女優さんですからね）といったって、夏も忠兵衛も60をとうに超えたババアとジジイですよ。だから、このベタベタした場面にちょっと違和感があったんです。

でも、いまは腑に落ちます。夏と忠兵衛は、一緒に暮らす時間が短かったことで、夫婦のかたまり化を回避できた二人だったんですよ。忠兵衛が夏に向かって、ババアになることは耐えられないということで（他人にどうみえるかは別として）、夏さんの個を担保しているんです。それは忠兵衛の男としての流儀なのかもしれません。夏も、個を保つには孤独に耐えることを抜きには得られないものであることを承知している。二人の暗黙の了解があるから、夏さんは忠兵衛をまた海へと送り出すんでしょうね。

ところが、そんな二人とは真逆なのが、忠兵衛と夏のひとり娘・春子とその夫の正宗（@尾美としのり）です。正宗は個人タクシーの運転手ですが、仕事が終わると真っすぐ帰宅し、休日はずっと家で読書しているような物静かな男です。ギャンブルにも女にも酒にも溺れず、品行方正な夫の見本みたいな人物。でもそれが夫婦間に溝を作っていくのですから、人間って単純にはいかないものです。

春子「あんまり静かで、もやしが床に落ちる音が聞こえたのよ」

（『あまちゃん』第3回、第1部35頁）

そう春子がぼやくほど、家族の間にコミュニケーションがない。決して家族が崩壊しているわけじゃない、むしろ家族仲はいい。だから無関心でいられるし、それゆえに静寂を作り出しているのだけれど、言い換えれば、それはひとりひとりが家族というものにかたまり化した姿。そしてある時、春子はその**かたまりの愚鈍さ**に気がついてしまったんですね。そもそも夏や忠兵衛の子どもですし、アイドルを目指して家出したほどの娘ですから、波風の起きない安定志向の生活に嫌気がさしてくるのは当然かもしれません。

春子「元気出してよ、正宗さんもさ、一人になって考えてみたら？　って……うん……だから、まずその『家族のことを第一に考える』のを、やめてみない？」

（『あまちゃん』第13回、第1部130頁）

はたして春子は、夫婦というかたまりに風穴をあける行動に出ます。それが功を奏したのかしなかったのかは、後でまたお話しします。ドラマを見た人ならおわかりですよね。

《乙女の祈り》

この章は恋愛編なのに、呪いとか倦怠期の話とかなんだかパッとしない話ばかりで恐縮です。恋は本来とっても楽しいものですけど、それと同じくらい切なさとか淋しさとかいろんな気持ちがどやどやと吹き出してくるものです。上がったり下がったり心が落ち着く暇なんかない。それが恋愛の醍醐味でもあるし、それを描くのがクドカン作品の真骨頂だと思っているので、いよいよここから本丸に突入したいと思います。

作家という職業人は人間の心理を汲み取るプロですが、宮藤さんも女子の心情をとにかくよくしっている。正直、作家ってほんとに気持ち悪いです。日常生活のなかで、こんなに女の子の気持ちを察する人間が彼氏だったり夫だったりするのって、どうなんでしょうか。作家の私生活がすごく気になりますが、まあそれはともかくとして、まずは**女の子のセリフでクドカンにしか書けないと思える究極の３タイプ**をご紹介します。

リサ「どんなに銀銀がイイ男だって、嫌われたら元も子もないもんね、逃げられないように大事にするんだ……じゃないや、大事にしてもらうんだ」

（『タイガー&ドラゴン』「芝浜」の回、上167頁）

リサ役は当時20歳の蒼井優さん。きかん坊の女の子がそのまま大きくなったようなフラッパー娘キャラで、蒼井さんの演技がすごく良かった。このセリフもそんな彼女がしゃべるから、もうめちゃくちゃ可愛いいです。それでいて、あどけないのに、男の心を操るなかなかの決め文句でもあります。「愛される女性になるための極意」といったノウハウ本に載っていてもおかしくないほど。

要するに綱引きですよ。相手を大事にしようと意気込むと、ついつい前のめりになる。前傾姿勢で来られると、嬉しい反面重たい。逃げたくなる。逆に、カレに大事にしてもらうんだって思えば、受け身になるから少し下がっていられる。こっちが一歩下がると、相手は一歩近づきたくなるもので、追えばいとおしさも増してくる。

長く生きているとこうした手練手管が少しはわかってくるものですけど、たまにそんな駆け引きを計算もなくさらっとやれてしまう女の子がいる。そんな女の子たちを観察してわかったのは、みな素直であるということ。素直だから自分の気持ちを正直に相手に話せる。好きなら好きといえるし、ヤキモチ焼くのだって率直です。まわりくどくない、至って陽性。妹的とでもいいましょうか。

あるいは、金麦のＣＭで壇れいさん演ずる妻（？）にみるあどけなさ（ちょっと白痴っぽくみえなくもないですけど）といいますか。しかも本人は、そうした天性の素直さを、それこそが魔性の女たりうる素質であるなんてこれっぽっちも思っていない。そこがまた魔性の魔性たるところなんでしょうね。男はこういう女の子好きです。単純だから、喜んで守ろうとするんでしょうね。だまされている可能性もあるのに……。

次に選んだのは、『ごめんね青春！』のヒロインのセリフ。

りさ「ダメだあ、無理だあ、先回り先回り、先回りが止まらない」

（『ごめんね青春！』第８話、266頁）

偶然なのか好みなのか知りませんけど、こちらも〝タイガー〟と同じりさ（ひらがなです＠満島ひかり）という名前です。ところがこちらのりさは、前出のリサと好きな男に対するリアクションが真逆。どちらかというと、ワタシはこちらのりさにシンパシー感じますね、まあ、ワタシのことはどうでもいいですけど。

さて、りさがどういう娘なのかをちょっと説明しますと、ミッションスクールの英語教師。28歳にして処女で、まがったことが大嫌い。好みの男性はプロレスラー。本人もケンカが強くて、高校時代には「ブラックタイガー」というリングネームばりのあだ名で呼ばれていた——。とまあ、あんまり見ないタイプというか、女子をこじらせたあげく「鉄男」化したような娘です。

そんなりさに初めて好きな人ができます。それが隣の男子校の国語教師・原平助（＠錦戸亮）。ところが平助は、りさのこれまでの好みとは正反対のキャラ。プロレスラーのような筋肉もない、男らしい即断力もない、頼りない凡庸とした男。なのに、どうしてりさは平助を好きになったのか——。それは意外性です。

「色気とは意外性のことだ」と名文句を吐いた友人がいますが、確かに一理ありますね。**意外性**こそが、恋愛における最も効果的な惚れ薬であると断言しましょう。見た目からは想像もつかない知識でも技術でも身体的特徴でもいいので、意外な何かを身につけて、さりげなく気になる異性の前でカミングアウトしてみる。相手は絶対に興味を抱きます。それからどのように発展するかは、あなた次第です。

で、りさの場合、平助のどこに意外性を発見したのかというと、それは「激情」です。

りさ「それ見て私、なんか分かんないけど胸がキューンって、締めつけられたの。感情を剝き出しにした彼を初めて見て、あれ？　なにこれ？　この感じ、これだ！　これが『好き』って感情だって思ったの」

（『ごめんね青春！』第7話、238頁）

人間だもの、いつも事なかれで平和主義の平助だって怒ることはあります。我慢できずに感情的になることだってある。手応えのないぬるま湯のような平助のなかに、沸騰する熱いマグマが流れていることを発見してしまったりさは、この瞬間に恋に落ちます。

りさのような戦闘的女子が一度恋すると、もう「好き」が止まらなくなります。平時がつねに闘いモードですから、恋の場合だってデータを収集し、迅速果断な対応を欲するんです。相手の行動を読み、心を読み、愛の量を推し量らないではいられない。あの場合はどうなんだ、この場合はどうなんだ。なんでこうしないのか、どう思っているのか……。頭のなかは、そのための確認作業でもうパンパン。

ところが、確認しても確認しても満足できない。だってそれは恋だから。とはいえ、りさにとって恋も、プロレスと同様にある意味で闘いだから、自分と同じモチベーションで相手も逆ってくれないとだめなんです。そうしてくれないと、せっかくリングに上がっているのに、透明人間を相手に闘っているような、空回りの気分になってしまうというわけです。

ところが、相手は平助だ。りさが見た激情は一瞬のことで、本来は自分が犯したかもしれない放火の件（巻末の作品案内を参照ください）だって先延ばしするぐらいの男ですから、なかなか〝恋のリング〟に上がってくれない。っていうかそもそも闘う意味がわからない。そのギャップを埋めようと、りさはますます先走る。その温度差というか反応の違いに耐えかねたりさが叫んだセリフが、先の「ダメだあ、無理だあ、先回り先回り、先回りが止まらない」なんです。

止められるのは平助しかいないのに、当人は、りさの悶える気持ちがわからない。その滑稽さが可愛くてせつない。

そして3つめのセリフがこれ。

アキ「…（略）…もう走り出した恋の汽車は止まりゃしねえです！もう盛りのついだ、猫背のメスの猿なんです、どうしたらいいべ！」

（『あまちゃん』113回、第2部349頁）

文句なしの迷セリフですね！　そして策士ですね、クドカンは。
このセリフを聞いたときは耳を疑いました、というより聞こえないふりをしてしまいました。だってNHKの朝ドラですから。朝ドラのヒロインが自分のことを〝盛りのついた猫背のメスの猿〟?!って言ったんですから。いいんでしょうか……、いいんですよね、放送されたんですから。
ついでですので、アキのハマっているものも紹介しておきます。

アキ「ホクロから生えた毛を伸ばす事ですね」
アキ「あど寄り目？　寄り目にハマってます、やりましょうか」

（『あまちゃん』第135回、第2部525頁）

朝ドラのヒロインですけど……いいんですよね？　いいんです、放送されたんですから……。

《少年の妄想》

仮にもワタシは女なので、正直言って男のことはよくわかりません。ですから、ここも相当にゆがんだ見方でお話ししていることをご了承ください。

実は、クドカンの作品のなかで、**これはわからない〜‼**と匙を投げ出した作品があるんです。**映画『中学生円山』**です。中学2年生の円山クンの妄想と現実が織りなすスラップスティックコメディとでもいいましょうか。なにせ円山クンの妄想が奇天烈すぎて、それについていくだけで、おばさんヘトヘト。

そもそも最初の妄想からしてギョッとなりました。あんまり大きな声で言いたくないんですけど、言わないとはじまらないんで言いますね。えっと、自分で自分のアソコを舐めてみると気持ちいい――という妄想です。はいはい、乙女らよ、円山クンを頭のおかしいヤツだと思ってはいけません。円山クンは大まじめなんです。クドカンも大まじめです。そして世の中学生はみな大まじめです。

というのも、この手の妄想について、ワタシの狭い交友関係のなかでリサーチしたところ、思春期の男子のほとんどは同じ妄想を抱くものであるという驚くべき（うすうす感づいてはいましたけど……）結果を得たからです。

で、映画のなかの円山クンは、妄想するだけに飽きたらず、それを現実のものにするために飽くなき努力を積み重ねます。具体的には暑いお風呂に入ったり、前屈したり、酢を飲んだり、レスリング部に入部したり……とにかく、体を軟らかくするための自主トレに日夜励むんです。はいはい、少女たちよ、円山クンの奇妙な行動を笑ってはいけません！「男子たるもの、中学生くらいになれば一度は（舐めることに）挑戦してみるもので、「結局、届かないから諦める」（某知人の弁）のが普通だそうです。

ところが、円山クンが凄いのは届かないからってすぐには諦めないところなのです。連日の自主トレも日々過酷さを増し、もはや涙なくしてはみられません（ウウッ）。そしてある日、前屈姿勢が限界に達した瞬間、体中にビビビと電流が走り妄想がターボ化（表現、古いかしら？）。妄想は妄想を超え、家族や団地の住人を巻きこみ、殺人犯やら韓流スターやら仮面ヒーローやら認知症のロッカー（エンケン！）まで飛び出して、もはやどこからが現実でどこからが妄想なのかわからない！

そんな観る側に考えることを許さないぶっ飛んだ映画なのに、なんとコピーは「**考えない大人になるくらいなら、死ぬまで中学生でいるべきだ！**」って。

うーん、わからない……。つまりこの文面からいえば、考えない大人は中学生以下ってことですかね。これを優位順にならべてみると、「考える大人↓中学生↓考えない大人＝子ども」ってことかな。

じゃ、考える大人ってどんな大人なのだろう。ってことを考えると本書の振り出しに戻ってしまいそうなので、いまは考えない大人でいることにします。

で、このキャッチコピーと映画の内容を重ねてみて気づいたのは、**すべてのオトコは人生のベースが中学生**なんだということ。そう考えてオトコたちを眺めると、意外に合点がいくことばかりです。自分が勝手に作り上げた妄想＝王国なのに、それをバカにしたり、夢を汚すようなことをすると、しょげるか逆ギレするか開き直る。つまり、ベース（土台）である中学生的な感情が露わになる。心あたりあるでしょ？　次のセリフは、開き直ったパターンです。

公彦「そりゃそうですよ、あなたから京都を取ったら一体何が残るというんですか？　鼻の毛穴の黒ずみも枝毛もくせっ毛も歯ぎしりも、これぜんぶ京都の女だと思って我慢して来たんですからね、京都の歯ぎしりと三重の歯ぎしり、これ全

然ちゃいますからね」

（『舞妓Ｈａａａａｎ!!!』シーン16、23頁）

主人校の鬼塚公彦（@阿部サダヲ）は、中学の修学旅行先の京都で舞妓さんを見たときから、大人になったら舞子さんと野球拳をしたいという夢を抱き続けてきた男です。つまり、この主人公も中学生の妄想を抱いたまま成長してしまったひとりですね。そんな公彦に、京都への転勤命令がくだります。ついに本丸へ出陣とばかり、公彦の妄想は暴走をはじめ、付き合っていた彼女も平気で捨て、ひたすら舞妓はんを求めて突き進んでいくうちに、野球選手にはなるわ、役者にはなるわっていうトンデモない映画です。

「妄想が現実を超えたとき、それは真実になるんだ！」

（『中学生円山』の謎の子連れ狼［@草彅剛］のセリフ）。

まさに構図は『中学生円山』とおなじです。

公彦のこのセリフは、つきあっていた彼女（@柴崎コウ）が京都出身ではなかったことにキレて言いはなったひとこと。言われた側からすれば、身勝手きわまりない男ですけど、筋は通っているんです。妄想は決して盲信につながらないんです。オトコの凄いところは、極めて冷静な判断のもとで、妄想を現実化しようとするところ。オトコのファンタジーは、リアルであってこそファンタジーたりうるんです。

大ぶろしき広げて言いますけど、おそらく人間の文明は、こうしたオトコの妄想によって発展したと思いますね。「オタクが世界を作った」、というのがワタシの持論なんですけど、それについてはまた何かの機会に譲るとして、その点、オンナは妄想にそこまでエネルギーを使いません。現実を妄想で補うことで妥協します。というか、悟るのが早いんです、なにせ菩薩ですから。

いまなんつった！　恋愛痴情主義編『ロケット★ボーイ』より

佐助「女ってのは分かりやすい方に流れて行くもんですよ、若さ、優しさ、才能。旦那に無いもの全部持ってますからね、うん、こりゃ捨てられるな」

（第5話、228頁）

旦那を捨てるかどうかはあれですけど、確かにわかりやすいというのは大事です。よくわからないものを女は愛せません。

いまなんつった！　恋愛痴情主義編『マンハッタンラブストーリー』より

蒲生「……そうやって何でも男に決めてもらうのって格好悪いよ」
江本「……」
蒲生「君のことばっか考えてるわけじゃないし……それに君だってさ、他にやんなきゃいけない事あるわけじゃん……」
江本「そんなの分かってるよ」

（第6話、216頁）

これほど女心を寄る辺なくさせる言葉もないな。液体窒素スプレーで瞬殺されたゲジゲジみたいに惨めな気分になります。こんなことを言われたらきっぱり別れたほうがいいですね。まずうまくいきません。相手との距離の置き方が全然違うんですから。というか、いまわかりました、これって別れの言葉なんだわ。

〔いまなんつった！　恋愛痴情主義編〕『マンハッタン・ラブストーリー』より

井掘「30過ぎたらチュウと交尾は一回にまとめろよ！　2回に分けるなんて、そっちの方がヤラシイっつの…で？どうだったんだよ」

（第8回、273頁）

まったく呆れちゃうセリフですが、よく考えてみるとたしかに説得力はあるんですよ。夜8時とか9時枠の恋愛ドラマをみるたびにいつもシラケるのは、いい年した男女がチュウしただけで、大盛り上がりになる展開。ゴールデン枠だから、その先はさらっとしか描けない事情もあるんでしょう。あるいは、チュウからさらに紆余曲折しないと男女を結ばせてはいけないという、連続ドラマの掟があるのかもしれません。
でもきっぱり言わせてもらうと、現実はそんな回りくどくないですよ。中高生じゃないんですから、大人がチュウしたら、それは即交尾へＧＯ！の合図でしょ。つまりふたつはセットです、当たり前です。分けるほうがイヤラシイわ。

【いまなんつった！　恋愛痴情主義編】『ごめんね青春！』より

平助「これが本音です。なぜハッキリ言わないのか。嫌いな男にすら嫌われたくないからです。だいたい誰とも付き合わないって言った女が誰とも付き合わなかった事なんかないんです！付き合うからね、必ず！お前以外の誰かと！」

（第1回、35頁）

女の子はみんなアイドル願望があります。女性の方々、この定説に異論ありませんね。ないという人はウソをついてます。そして、アイドルはファンがいるからこそアイドルであり、やはりそれはオトコたちです。「女の子のファンも多いんです」とかいうアイドルがいますけど、あくまで「も」ですから。オトコたちに騒がれないアイドルはアイドルじゃありません。ここまで、女子のみなさんＯＫでしょうか。で、どうしてここでアイドルの話をしたかというと、アイドル願望とこのセリフがリンクするからです。

まずは補助線として、「女の子はだれもが白馬の王子様がやってくることを望んでいる」という定説を引きましょう。この定説にも異論ありませんね。ないという人はウソをついてます。

問題はここからです。実は、王子様がやってくるためには、本人も意識はしていない大前提があることをご存じでしょうか。

白馬の王子に選ばれる自分は、他のオトコたちから見向きもされないオンナであってはいけないんです。誰にも相手にされない自分を選ぶ王子様なら、王子様的価値は低いことになる。そうです、クドカンの「抱かれたくない男のジレンマ」と同じです。だから、王子様のプレミア感を上げるためには、王子様の他に、自分のことを好きなオトコたちが必要なのです。「そいつらを横目でチラ見しつつ、白馬の王子様のもとへ嫁ぐ」という物語を女の子たちは求めているんです。つまり、その他のオトコたちは、白馬の王子様に選ばれるための言わば当て馬。当て馬が多ければ多いほど、王子様の価値も上がります。嫌いな男にすら嫌われたくないのは、当て馬を確保せんがための心理作用なのです。

女の子がアイドルになりたいというのは、当て馬をたくさん持ちたいというオンナのエゴが引き寄せた、見果てぬ夢の一面があるとみています。要するに、**数多のオトコたちをだしに最高の男と結婚する**――。これがアイドル願望に隠された究極の真理だと思います。もちろん現実はそんなにうまくいかないことは、これまでのアイドルたちが辿った行く末をみればわかりますけどね。ということで、男子諸君、納得していただけましたでしょうか。

【いまなんつった！ 恋愛痴情主義編】『池袋ウエストゲートパーク』より

加奈「ワタシ知ってるもん。マコトは、なんだかんだ言って、めんどくさいの好きなんだよ、めんどくさい方に流れていくの」

（十〈サムライ〉の回、563―564頁）

優しい男の性分として、こういう傾向はありますね。長男気質といいますか、世話好きでわがままに寛大で、オンナの無理難題になんだかんだ言いながら付き合ってしまうタイプ。オンナの甘えにブレーキをかけられないオトコは、往々にして悪いオンナにだまされがちです。お気を付けあれ。

いまなんつった！ 恋愛痴情主義編『ごめんね青春！』より

りさ「女っ気!? なんですか気って！ 私達は『け』ですか？」

（第2話、63頁）

いいですね、この言いっぷりがたまりません。セリフでは、「気」で括られたことに怒ってますけど、でも大事なのはやっぱり「気」だと思います。女でも男でも「気」が違うから引き合うわけです。オンナが「男っ気」があったり、オトコが「女っ気」があったりしたら、また別の話になります。

いまなんつった！ 恋愛痴情主義編『ごめんね青春！』より

吉井「誰かを好きになったくらいで、あなたは自分を失くさない」

（第5話、151頁）

セリフの主は、シスターの吉井校長（@斉藤由貴）。敬虔なクリスチャンで真面目一本ヤリだった教師のりさ（@満島ひかり）が初めて恋をしてしまった。こりゃ大変だ！というので、りさを落ち着かせるために言いきかせた言葉です。

もうすぐ死ぬ人に「死なないよ」と励ますのと同じで、これは気休めです。自分を失わない恋愛なんて、恋愛じゃありませんから。

いまなんつった！ 恋愛痴情主義編　『マンハッタンラブストーリー』より

赤羽「怒ってんじゃない誘ってんの！女だって性欲あんの、女の性欲ナメンジャないわよ！」

（第8話、291頁）

これも凄いセリフです。オンナは自分から誘うってなかなかできません（そういう人もいますけど）。自分で誘えないのに、それを察して誘ってくれないから怒ってるんです。彼女が意味なくプンプンしていたら、彼氏は察してあげてください。というか、こうした心理をわかっているクドカンは、女性に対してちゃんと対処できているのか、わかっていても放置するのか――。ついつい下世話な興味を抱いてしまったセリフでもありました。

【いまなんつった！ 恋愛痴情主義編】『うぬぼれ刑事』より

うぬぼれ「僕の何が、そんなに君を疲れさせたんだろう……そして、その疲れは……取れたのかな？って」

（中略）

里恵「他人の好意を真正面で受け止めるところ」

うぬぼれ「え？」

里恵「そして疑わないところ」

（「くされ縁」の回、246頁）

悪い人じゃないのに、疲れる人っています。単純というのでもなく、バカというのでもない。心がただただ平面なんです。高い空があって緑の草原があって、そこにすっと立っているような人。足元のきれいな草花を探っていくと、そこに虫たちの弱肉強食の壮絶な死闘があったり、人の耳がおちていたりするようなブルーベルベット（byデビット・リンチ）的な展開を想像だにしない健やかな人。そんないい人に接すると、疲れを越して凶暴化してしまいます、ワタシは。

第6話 家族のおきて

親は偉大なり

夏「春子」
春子「……なによ」
夏「なにが言うごと、あんでねえが?」
春子「……」
夏「言うなら今でねえのが?」
春子「……ただいま」
夏「おかえり」

（『あまちゃん』第13回、第1部126頁）

会話が交わされたのは、春子が娘のアキを連れて実家に帰ってきたものの、母・夏への屈託が消えないまま2週間ほど（シナリオで確認したら多分そのくらいでした）が過ぎ、いよいよ東京に帰る日のこと。ホームに入ってきた汽車に乗らず、春子は袖が浜の実家に引き返してきます。戻ってきたなら言うことがあるでしょ?という夏の問いかけに、意地を張り続けていた春子が、ようやく母と向き合おうと心を開いた大事な場面です。

この会話には前置きがあります。春子が袖が浜に25年ぶりに帰ってきたその日、お互いの気持ちがつかめず、ぎくしゃくする空気のなかでこんな会話を交わしてるんです。

春子「……久しぶりに帰って来た娘に『おかえり』のひと言もない」
夏「『ただいま』も言わねえ娘に『おかえり』が言えますか?」

（『あまちゃん』第4回、第1部48頁）

つまりこの母子は、この何げないやりとりができるまでに2週間もかかったんです。でもそれは、「ただいま」と「おかえり」という挨拶が、「こんにちは」「はい、こんにちは」といった単なる挨拶とはわけが違うからです。たとえば、「ただいま」で鍵がさしこまれ、「おかえり」でドアが開く。ふたつの言葉がかみあったとき、はじめて人は迎え入れられる、つまりこの挨拶は、他者を受け入れるための承認の儀式なんです。

『あまちゃん』には、この承認パターンで印象に残るシーンが2つあります。

春子「『おかえり』って言ったじゃん」
正宗「『ただいま』って言うからでしょう」

（『あまちゃん』第103回、第2部274頁）

タレントになった娘アキの事務所を開くため、春子とアキが、正宗の住む東京の自宅に、何の連絡もなく突然戻ってくるというシーンです。

すでに春子と正宗は離婚しているにもかかわらず、春子は、合いかぎを使ってドアを開けます。そして、物音に驚いて玄関に向かった正宗に「ただいま」と言いながら、ズカズカと部屋に入ってくるんですね。正宗も正宗で、反射的に「おかえり」と返事してしまうのですが、はっと我に返って「ちゃんと説明して下さい」と春子に問いただす。その後のやりとりがこれです。

「おかえり」と「ただいま」は、単なる挨拶じゃない。この会話によって一度は離婚によって瓦解したものの、アキを媒介にして、再び新たな家族の形ができることを予見させるんですね。

それともうひとつ。

ユイ「そっか…。いつも、めんどうくさくてごめんね」
アキ「お帰り」
ユイ「え？」
アキ「めんどくさいユイちゃん、おかえり」
ユイ「…ただいま（笑）**」**

（『あまちゃん』第147回、第2部626頁）

物語の終盤、様々な事情でアイドルを断念したユイに、アキがユニット再結成の話を持ちかけます。心の底ではいますぐ話に飛びつきたいのに、意地や見栄が邪魔して素直に喜べないユイ。結局は、アキの誘導で本当の気持ちが現れる。いちいちめんどくさいユイのことを理解しているからこそ、「おかえり」と受け入れるアキ。これもホントいいシーンでした。

これらの会話から改めて思い知らされるのは、いつもの何気ない挨拶が、とても大切な承認と自己確認の行為であった。だからでしょうか、3つの会話を何度読み返しても胸にポッと温かいものが灯るのを感じます。挨拶の効果は抜群なのです。

✹挨拶はハイセツより大切！

だから逆に、挨拶ができないという人は、周囲に冷え冷えとした空気を作ってしまいます。クドカンファンならご存知でしょうけど、グループ魂に「アイサツはハイセツよりタイセツ」（作曲：富澤タク／作詞：宮藤官九郎）という曲があります。挨拶ができない無礼ものに対する憤りと悲しみが全面に滲んでいる、切実な（？）コミックソングです。

歌詞は省略しますが、たとえば〝会ったのは3回目なのにナゼお前はアイサツしない！〟とか〝オレから挨拶するのが筋なのか！〟とか〝オレの目を見てアイサツしてほしい‼〟とか……、宮藤さんはこの歌をワタシのために書いてくれたんじゃないかと思うくらいにドンピシャな状況がワタシにもあったんです。この歌を聞いて、どれくらい溜飲を下げたことか。
ここで声を大にして言いたいのは、挨拶がきちんとできない人は他者に承認されない、祝福は受けられないことを知れ！ということ。ほらそこのお前だよ！と言いたい（言えないですけど）。ということで、挨拶はハイセツより大切！

どん兵衛「はい、小竜の話はこれでおしまい、小百合ちゃんも泣かない！今はご飯食べる時間だよ！」

（『タイガー&ドラゴン』「猫の皿」の回、下70頁）

夏N「一緒に暮らすにあたり、私たちは幾つかのルールを作りました。そのひとつが」（中略）
夏N「朝ごはんは必ず一緒に食べること」

（『あまちゃん』第14回、第1部134頁）

虎児「オレ親いねえんだわ、死んでも誰も悲しまねえとか言われてさ、頭来るけ

どその通りじゃん……でもなんか、なんか叫びたかったんだと思う。どうせ死ぬ前になんか……そしたら眠くなって来てよ、お前の母ちゃんとか、父ちゃんとか、お前の家族と飯食ってる夢見てよ」

（『タイガー&ドラゴン』「三枚起請」の回、上97頁）

家族の食事シーンはクドカン作品じゃなくても、ドラマによく出てきます。ただし、クドカン作品がワタシの知っている他作品と違うのは、〝家族が揃ってごはんを食べる〟という行為を登場人物たちが「**家族の条件**」だと考えている点にあります。先に紹介した3つの会話には、〝卓を囲まざる者、家族にあらず〟的な志向がはっきり見えますよね。

最近は、子どもも塾とか習い事とかで忙しいし、父親も仕事で忙しい、母親はダイエットでご飯抜きとか、家族がそれぞれの都合でバラバラに食事をする家庭って多いですよね。ひとりで食事を取ることを孤食と呼ぶそうですが、それはつまり個食でもある。個が優先されるとかたまりにならないから、家族の力は弱まっていくことになる。だからこそ、**家族はルールを作ってまでしてもごはんを一緒に食べる必要があると**、クドカンも思っているんじゃないでしょうか。

❁「お父さんの引き出し」

クドカン作品って、物語が型破りだったり、へんてこりんな人間がたくさん出てきたりするから、どうしてもユニークな部分に目がいってしまいます。けれども、実は私たちが普段の暮らしのなかで見過ごしてしまうような些細な会話や行動を取り込むことでの作品世界を現実世界と地続きにしているんだと思います。挨拶もそうだし食事もそうですよね。

でも、日常を丹念に描き過ぎてしまうと、物語のスピード感やキレ味は少々薄まります。クドカン作品にそこはかとなく漂うダサさ（すみません！）、それこそが、どんなハチャメチャな物語であっても、観る側がコミットできてしまう理由かもしれません。ポピュラー性ってそういうことだと思います。

たとえば、『中学生円山』なんて、中２少年の誇大妄想の上に出来上がったトンデモナイ映画ですけど、最後の最後のほうに、家族４人で小さな食卓テーブルに座ってグレープフルーツを食べるシーンがあるんです。２つのグレープフルーツを半分にしてスプーンで食べる、あの食べ方です。いまどき、こんな風にして食べる家庭ってあるんでしょうか。つまりそんな昭和的で平凡な家族がいて、たいしたことも起こらない平和な日常があるからこそ、妄想にどっぷり浸れるんですよね。

あと、この会話も面白い。

正和「ねえ母ちゃん！朱肉どこ！」…
和代、夫の遺影に手を合わせながら、
和代「お父さんの引き出しの3段目」（中略）
正和「お父さんの引き出しってどれだよ！」

（『ゆとりですが何か』第3話、88頁）

はっきりいってどうでもいい会話です。なくてもいいんとちゃう？って突っ込みいれたくなります。でも、ないですか？　みなさんの家にも「お父さんの引き出し」。書斎とか父親だけの特別な場所ではなく、居間にある棚とかタンスの引き出しのひとつが父親専用なんです。子どもの頃の我が家の「お父さんの引き出し」は、カップボードみたいな家具の上段にあって、中には、サロンパスとか目薬とか、何かのチケットとか定規とかがごちゃごちゃ入っていました。

その引き出しに、ちょっとした思い出があるんです。

幼稚園くらいのときに留守番をしていて、こっそり引き出しを開けたことがあるんです。何が入っているのか宝探し気分だったんだと思います。がさがさやっているうちに、小さく折りたたまれた紙キレを発見。開いてみると、雑誌のヌード写真の切り抜きでした。もうびっくりして、そっと元に戻したのですが、子ども心にこれは一家の一大事だと衝撃を受け、しかも絶対に母には言ってはいけないことだと思ったんです。かといって誰にも相談できず、父の秘密を知ってしまった衝撃と泥棒みたいなことをしてしまった後悔で小さな胸をずいぶん痛めておりました。いま思えば、別にどうってことないんですけど、まだ5歳かそこらですからそれはもうタイヘンな心労だったんです。

閑話休題。で、先のセリフがストーリーにどれほど関わっているかといえば、まったく関わっていない。観ていても一瞬でスルーされてしまうような会話です。でもこのセリフがあるだけで、物語のなかでは3カ月前に亡くなっているこの家のお父さんの気配がうっすらと感じられるのです。いってみればクドカン流のサブリミナル効果と言えます。

そしてこの効果はワタシにも及びました。だって、ヌード写真の一件から数年も経たないうちに家を出奔し、10年前、亡くなる寸前に再会した父のことを久しぶりに思い出したんですから。

【いまなんつった！ 家族のおきて編】『あまちゃん』より

アキ「頭なんかぜってえ下げねえくせに…」
春子「当り前よ！アンタのために頭下げても、アンタには頭下げません！（略）」
（第112回、第2部338頁）

デビュー寸前に母・春子の介入で、事務所をクビになってしまったアキ。母の態度に納得できず荒れるアキに、春子がギャク切れ気味に、「頭下げたら機嫌直してくれるの？」と聞いたあとの会話です。

親になってわかったことは、こちらに非があってもなかなか子どもには素直に謝れないものだということ。その点でいえば、この時の春子のセリフは、親としてのメンツを保ちつつ、子への愛情は伝えるという高度なテクニック。我が家の娘にも使えそうです……。

【いまなんつった！ 家族のおきて編】『ごめんね青春！』より

善人「やっぱりどっか行ってなさい、5分10分、荷物は置いて行きなさい、携帯は持って行きなさい…」

（第9話、271頁）

これは要するに、父が娘に対して〝お前は席をはずしなさい〟と言っている場面なんですが、このセリフ、声に出していってみるとリズムがすごくいい。余計な言葉がないんですね。なのに、父親の威厳と優しさがきちんと伝わってくるんです。なんといっても〝携帯は持って行きなさい〟が効いています。まさに〝何も足さない。何も引かない〟上質なウイスキーみたいなセリフです（褒めすぎか？）。

というのも、ワタシ、大人の話に子どもが首を突っ込んでくるのが、大嫌いなんです。最近、友達みたいな親子って多いでしょ。たとえば、大人たちの込み入った話に、わかりもしないのになんだかんだと話に割り込んでくる図々しい子ども。こういう子どもに出くわすと、他人の子ながら、思わず殴りたくなる衝動に駆られます。

親も親で、どんな幼稚な話であっても（当たり前ですよね、子どもなんだから）、こっちの会話を中断してまでうんうんと聞いてあげることが、自主性を育てると思いちがいをしているから、どうにもなりません。そんなバカな親子につきあわされるほど、こっちは暇じゃない。即、帰りたくなります。とまあ、こういう古いタイプの人間なもので、先の2つのセリフに出くわしたとき、〝なんてカッコいい親だ！〟と感動したわけなのです。

いまなんつった！　家族のおきて編　『ゆとりですがなにか』より

ところが同じ父親でも、『ゆとりですがなにか』にでてくる麻生（@吉田鋼太郎）という男はそうじゃありません。ちょい悪風の見た目通りの生き方をしている。息子のまりぶ（@柳楽優弥）は、そんな父親のせいで家庭崩壊の憂き目にあい、受験にも失敗し、東大目指し11浪の揚句、風俗店への不正な客引きで逮捕されるという始末。結局、麻生とまりぶの兄（母親違いの弁護士）の尽力で仮釈放されたものの、まりぶは、親として息子の自分を強く諭せない父に苛立つ。そしてついに爆発して叫んだセリフがこれ。

まりぶ「謝って済むほど軽くねえよ、あんたのやった事は！　レンタルだったらチェンジだよとっくに！　チェンジ出来ねえからムカつくんだよ！　あんたしかいねえから！　だから、親として、言わなくちゃいけないことは言えぇ！　最低限！　棚に上げりゃいいじゃんてめえのことなんか。親なら親らしくしろ！　選べねえんだから！　こっちはよお！」

（第9話、296頁）

親としては身につまされるセリフですよね。他人のダメ親ぶりに対してはなんだかんだと批判めいたことは言えても、じゃあ自分はどうかというと、実は何が親らしいのかよくわからないというのが本音です。

でも考えてみれば、親は家族を故意に作れますけど、子どもの立場にしてみたら、この世に生まれたときには家族（親とか祖父母とか兄弟とか多くの親戚とか）が決まっていて取り換え不能なんですよね。親の顔みて〝あっ、やっぱりオレ止すわ〟って言えないんですから。

親になるって、そうした生まれた子の不可避の運命に対して真摯になることかもしれない。親が子の運命に対して超然と対峙できなければ、子は自分の運命を引き受けられないですものね。

いまなんつった！　家族のおきて編『あまちゃん』より

春子「どんな辛いことも親のせいにして乗り越えて来たなって話。夏さんが突き放してくれたおかげで」

（第94回、第2部191頁）

世の中、いろんな親がいますけど、親のことが嫌いなら嫌いで、好きなら好きで、ダメならダメで、リッパならリッパで、親から与えられた価値観こそがいまの自分の思考を決定づけていることは確かです。

ワタシの知人に、人生で一度でも怒ったことがあるのだろうかと思えるほど柔和な女性がいます。で、ある時「どうしてそんなに温厚なの？」と聞いたことがあるんです。すると、「母親があまりにも理不尽な人だったから、他人の多少の理不尽さは怒るに足らないことなの」と答えました。親の使い方もいろいろ。こういう人生の学び方もあるんです。

第7話

田舎者と呼ばないで

居場所探しの
物語

クドカンは地域とか地方にこだわる作家だとよく評されます。たしかに「木更津」「北三陸」「静岡の三島」「京都」とか、クドカン作品の多くは実在する土地が舞台に設定されています。

評論家や社会学者にとって、宮藤官九郎が描く地域とそこに住む人たちの物語は、地域文化論なんかを考察するのに、格好の題材かもしれません。

でも、単純にクドカンが生み出す物語のファンであるワタシにとっては、作品に地域論を重ねるのはなんだか息苦しい。

前にもちょっと触れましたけど、クドカン作品の主人公たちに対してワタシは何を期待しているのかなと考えたら、やっぱり〝ダイブ〟することなんですよね。言い換えれば、人生の冒険といってもいいかもしれません。彼らが最終的に〝成長〟するとか〝成功〟するとか、そんな結末は別に期待していない、むしろ大団円は必要ないくらいなんです。

興味をひかれるのは、彼らがどうやってダイブするのかということ。どこからダイブするのか、何からダイブするのか。そして、どこに着地するのか、あるいはどこにもいかないのか。その時の衝動みたいなものに凄く惹かれるし、ひとりの人間が変わることで巻き起こる、周りの人たちの心の変化に惹かれるんです。

そんなワタシの勝手な解釈でいえば、「木更津」とか「三島」とか「北三陸」とか具体的な地域が設定されるのは、飛び込むための踏み台か、あるいは着地点を明確にするためじゃないかと思うんです。要するに〝ダイブ〟**するための舞台装置**です。

だから、それは実際にある町とか場所じゃなくてもいい。「江戸」でも「地獄」でも「団地」でも「喫茶店」でも「ドラッグストア」でも機能は果たせる。肝心なのは、踏み台と着地点なんです。〝ダイブ〟するための舞台が変われば、踏み台も変わってくるし、着地点も変わってくるでしょ。

飛び出してどうなったのか、どこに着地するのか。どこかへ移動する場合もあるし、そこで深く潜行する場合だってある。それは要するに、自分の居場所を発見する旅なんです。宮藤官九郎という作家は「居場所探しの物語」をずっと書いてきたと思うし、ファンとしてはこれからもずっと書き続けてほしいと願っているんですけど……、まあ、余計なお世話ですね。

で、すっかりセリフを紹介するのを忘れていましたが、本来の目的を忘れず、やはりここでも地域性に関わるセリフを探そうと思います。

まずはこれ。

春子「田舎がイヤで飛び出したヤツって、東京行ってもダメよね。逆に田舎が好きな人って、東京行ったら行ったで案外うまくやれんのよ、きっと。結局、場所じゃなくて、人なんじゃないかなって、最近思う」

（『あまちゃん』第10回、第1部98頁）

地方から東京に出ていく人のほとんどは、田舎にいても埒があかないから出ていくんですよ。地元では自分の目指すことができないとか、理想とする生活を送れないから東京へ出ていくわけです。間違いありません。だって、田舎が好きな人、というか地元暮らしに満足している人は、東京に遊びにこそ行っても、自分から率先して住もうなんて思いませんよ。

じゃあ、東京でうまくやっていける人とダメになってしまう人の違いは何かというと、おそらくダメになる人って、故郷を棄てた気になっているからだと思うんです。棄てた「気」というところがミソで、実はぜんぜん棄ててなくて、故郷の影というか棄てたやましさみたいなものを引きずっている。帰ってくるなとは誰も言ってないのに、帰るに帰れないみたいな……、そうやって故郷を自分から遠い存在にしてしまっている気がします。

で、故郷を棄てた気になると、これが不思議なことに、東京も薄っぺらく感じていくんですよ。家族を棄てて愛人に走ってみたら、これがとても空しかったというのと同じですね。居場所を外に求める人が陥る、出口のない負のスパイラルです。

一方、田舎は田舎で、都会に対して卑屈さがある。『あまちゃん』の春子にはこんなセリフがあります。

春子「私が田舎を嫌いなのは、寂れてるからじゃなくて、寂れてる事を気にしてるからなんだよね」

（『あまちゃん』第29回、第1部268頁）

確かに田舎に住んでいる人たちには、自分たちが暮らす町が寂れていることを気にする人が多いです。その気にしようっていったら、もう痛々しいくらい。

でも、そもそもこの劣等感というか引け目がどうして起こるのかといえば、これは東京人が地方人を差別したからではありません。こうした意識を持ち込んだのは、前述したような田舎から都会に出て行った人たちではないかと思うのです。ここでちょっとお断りしておきますが、日本では東京以外は全部地方です。つまり、都会＝東京であり、それ以外の地方は、東京からみれば全部田舎であるといっていいと思います。

で、地方在住の方に聞きたいんですが、都会へ出た人間が久しぶりに地元に帰ってきたときの態度にイラッとしたことありませんか？　地方に住むワタシにはあるんですけど、なんというのかなあ、都会から帰ってきた友人の態度がなぜかエラそう。あるいは、百年も離れていたといわんばかりの浦島太郎的な態度とか、なんか神経に触るんですよね。この心理はどこからくるものなんだろうと、ちょっと考えてみたんです。

そもそもヒトは、はじめからないものを意識できません。あることを知った途端、ないことに気が付く。東京から久しぶりに帰ってくると、東京にあって田舎にないものがたくさんみえてくるのは仕方ないことですよね。たとえば、ネットカフェがないとか、シネコンがないとか、ブランドショップがないとか、大きな本屋がないとか。

たとえ東京暮らしが、4畳一間のネズミ小屋みたいな部屋に住んでたり、都心に出るのに電車を何本も乗りついで毎日クタクタだったり、故郷の訛りを同僚に指摘されて嫌な汗が出てたり、そんなちょっと情けない自分をうっちゃって、地元に戻ると、スタイリッシュで都会的なものに囲まれている自分の姿だけが浮き上がってくる。と同時に、たとえば、バスが1時間に3本しかないとか、夜8時になったら商店街が真っ暗になるとか、はたまた地元でしか売ってないお菓子が昭和の臭いプンプンだとか、地元の風景やモノ・コトがその反転として見えてくる。彼らは、そうした地元における田舎的なものに対して、いちいち感動したり、驚いてみせることで、自分はもうここの住人ではないということを表明しつつ、東京での暮らしを肯定しようとしているんじゃないでしょうか。

一方、こんな態度の都会帰りの友人に対して、地元で迎える側は〝お前だって高校生までそこに住んでいてそれが日常だったくせに！　ナニその地元に対する感動！　ナニその地元に対する薄笑い！〟とイライラが爆発しそうになる。

でも、それをいちいち口にしたところで、所詮「ないことは貧しいこと、惨めなこと」という資本主義的価値観の中で育ち、それにまみれてきた自分（戦後の日本人はみんなそうでしょ）は、ますます惨めになるだけ。だから結局、開き直って、自虐的態度になったりするんでしょうね。

もっといえば、春子が言ったように、「寂びれていることを気にしている」人とか、あるいは、ワタシを含めて都会から帰ってきた友人たちの言動にイラッとするのは、そのひと自身が、ここじゃないどこかを探しているからかもしれません。〝東京になくて田舎にあるものだってたくさんあるでしょ〟という「クウネル」的なスロウライフを理想とする方もいるかもしれませんけど、田舎で生まれ育つとその良さにはなかなか気が付かないし、外から言われても気休めにしか聞こえないんですよ。

でも、そういう意味でいえば、都会にだって、ここじゃないどこかを探している人たちはいる。都会の便利さを棄てて田舎に移住する「クウネル」的な人たち（だいたいは才能があるか資本力のある人たちですが……）もきっとそうなのかもしれないけれど、もっと切羽詰って東京を逃げ出すひともいる。あまちゃんの「アキ」もそのひとりです。

アキ「…東京なんかさ、行ぐヤツは…バガだ、浅草寺の鳩に襲われで死ねばいい」

（『あまちゃん』第50回、第1部447頁）

生まれ育った東京に居場所を見つけられなかったアキは、袖が浜で、東京になかったもの（時間だったり、自然だったり、人々だったり）に出会います。それらはアキの人生にとって（おそらく家族以外に）初めて親和するモノだったはず。つまりアキはそこに自分の居場所を見つけたんです。そこにいる自分のことが好きになれたんですね。

居場所を見つけた人は強いです。もうどこに行っても揺らがない。だからこそ、アキは、アイドルになるために東京に戻って行けたんです。

居場所探しといえば、しりあがり寿原作で、クドカンが脚本・監督を務めた映画、『真夜中の弥次さん喜多さん』の中にこんなセリフがあります。

喜多「なあ弥次さん……江戸ってなあ、どうしてこうもペラペラなんでえ」
弥次「…ああ」
喜多「ペラペラだあ、はは、紙ッぺらみてえにペラペラだぁ……おいらもあん中に混ざったらペラペラになれるかなあ」

（『真夜中の弥次さん喜多さん』「喜多さんの長屋」、156頁）

物語のなかの喜多さん（@長瀬智也）は重度のヤク中です。恋人の弥次さんがどうやってても喜多さんはクスリを止められない。一方、弥次さんも弥次さんで妻を殺めてしまい、「現実《リヤル》がとんと分から」なくなった二人は「ペラペラの江戸」を逃げ出します。

弥次「行こうぜ喜多さん！オレたちゃこの江戸から一歩も出た事ぁねえ、外の世界に出りゃあ新しいテメエに出会えるかもしんねえだろう？」
喜多「……てめえ探しの旅か」
弥次「……おうよ、てめえ探しの旅よ」

（『真夜中の弥次さん喜多さん』「喜多さんの長屋」、157頁）

果たして、二人は伊勢で何を見つけたのか――。それは映画（漫画も）で楽しんでいただくとして、宮藤さんは東京のことをこんなふうに言っています。

「というか、結局、東京ってそういう場所なんでしょうね。東京に対してひねくれた感情を持ってた人がたくさん集まって、交ざっているというか」

（『みうらじゅんと宮藤官九郎の世界全体会議』集英社、97頁）

「しかも、田舎にいる時点で持ってたコンプレックスが東京に出たことで消えたわけじゃなくて、それを口にしないようにしているだけですからね。田舎者ってバレるから」

（前掲書97頁）

宮藤さんも仙台から東京へ出ていったわけですから、この言葉には自嘲が多分に入っているのかもしれません。

とはいえ、それもこれも日本という小さな島国のおはなし。いまから紹介する忠兵衛さんのセリフに胸の中が広くなった心持ちがしました。

忠兵衛「ほれ、夏さんは、北三陸から一歩も出だ事ねえべ、んだからオラが代わりに世界中を旅して回ってよ、いろんな国の、いろんな町をこの目で見で回ってよ、んでも、やっぱここが一番いいぞって教えてやってんだ」
アキ「…東京よりも?」
忠兵衛「北三陸も東京も、オラに言わせれば日本だ」

（『あまちゃん』第32回、第1部293頁）

とりあえず田舎もんは、このスタンスで行かなきゃ!

第8話

いまなんつった！

完全無欠の
迷セリフ

✹あんべちゃんの自虐ネタ

安部「いやいや（あえて標準語）……同級生って言っても、春ちゃんは学園のマドンナで、私なんか校庭の片隅でひっそりと干涸びている蝉の死骸ですもの……」

（『あまちゃん』第2回、第1部23頁）

安部「同級生って言っても、春子さんは学園のマドンナで、私なんか、机の中に入れたまんま忘れられて干涸びたコッペパンに生えたカビですもの」

（同　第2回、第1部26頁）

安部「同級生ったって、春子さんは学園のマドンナで、私なんか、給食のスパゲッティーミートソースの中になぜか迷い込んだ輪ゴムですもの」

（同　第150回、第2部655頁）

『あまちゃん』に登場する海女の一人、安部（あんべ）ちゃん（＠片桐はいり）の自虐ネタ3連発。このセリフ、最高です！　テレビの前で、拍手してしまいました。

セリフでもわかるように、あんべちゃんは春子の同級生。地味でブスでダサイことを自覚しているから、こんな自虐的な言葉を吐いてしまうんですけど、全然恨みがましくない。むしろ潔いです。

実はあんべちゃんは、海女としての技術は相当に高い。海女初心者のアキを影で見守るあんべちゃんの姿にいつも感動していました。その上、まめぶを普及するために東京にひとりで出ることになっても、ちゃんと店を切り盛りできる。タフで頭がよくて、優しいしカッコいい女性なんです。ストーリーとは別に、あんべちゃんが出てくるだけで嬉しくなってしまうほど、このキャラが大好きでした。

というか、連続ドラマを観る楽しみのひとつが、お気に入りの脇役を見つけることでもあるし、そうした魅力的なキャラクターが見つからなかったドラマは、不思議と記憶に残りません。存在感のある脇役を造形することは、優れた映像作品に共通する必須条件でしょうね。それにしても、あんべちゃんの自虐ネタ、何度読み返してもオモシロすぎる。

✹長渕的な……

静「『じゃねえ』って言うのやめてください、ダメなんですそういう…長渕的な言

い回し、ろくなもんじゃねえ的な、国会議事堂にしょんべんひっかけるしかねえ的な、ありますよ！他にすること、いっぱいありまさあ、ねえ、そうでしょう？」

（『鈍獣』「ホストクラブ『スーパーヘビー』・現在」の場面、38頁）

たくさんのひとを敵にまわすかもしれませんけど……このセリフに同感です。ダメなんですワタシも、**ろくなもんじゃねえ的な言い回し。**あと、**うれしたのし大好き的な、愛を叫ぼうルルル〜的**なのもダメです。ありますよ！　他にすること、いっぱいありまさあ、ねえ、そうじゃありませんか？

✹ちぢれたモの問題

田中「友達んちって嫌いなんだよ、なんか、ちぢれた毛とか靴下にくっつくから」

（『ロケット★ボーイ』第6話、267頁）

あんまり大声では言いたくないんですけど、ワタシも女友達の家でこういう経験あります。なんでしょうね、あれって毎日掃除機かけてもダメなんですよ。落ちるときは落ちるっていうんですかねえ。図書館で借りた本に挟まっていたおぞましい経験もありますし、実は、子どものおもちゃ箱のなかにあやしい一本が混じっていた経験もあります。はっきりとお断りしておきますけど、我が家だけじゃないですから。幼い子どもがいる家にはあるある現象ですから。

✹まゆ毛がカモメになるタイプ

加奈「ちょっと、眉毛がカモメになりかけてたから」

（『池袋ウエストゲートパーク』「6チャンネルの回」、290頁）

〝毛〟つながりで恐縮ですが、これは個人的な事情で思わず唸ってしまったセリフ（場面）です。主人公の真島マコト（＠長瀬智也）の実家の果物屋でバイトすることになった松井加奈（＠小雪）が、店の奥でおもむろに電動カミソリを取り出し眉間をじょりじょり剃りはじめるという場面です。原作には見当たらなかったので、多分ありません。加奈（実はやくざの女）の素性の知れなさと不思議ちゃん的なイメージを出したかったのでしょうが、何の脈絡もなく、突然はじまるこのシーンにはびっくり。そして大喜びしてしまいました。
というのも、ワタシもそのタイプだからです。眉毛を整える女性は多いですけど、まゆげがカモメ化する悩みについては、まず周囲の女友達の間でも同意は得られたためしがありません。男なら「こち亀」の両さんみたいな人はいるかもしれないけど、同類ならフリーダ・カーロか『狼の血族』（byニール・ジョーダン）ぐらいですから。ホントにこんな超マイノリティな悩みをドラマに何気なく入れてくるなんて！　それにしても、どうしてこんな秘密をクドカンは知ってるの？

✹耳をふさぐ

ペコ「ずっと長いこと、オレを信じてる。気づいてたけど、知らんぷりしてたんさオイラ…ビビッて必死に耳ふさいでたんさ」

（『ピンポン』シーン131、117頁）

自分を信じてくれるひとがいるってことは、幸運であるけれど、実は相当の覚悟もいります。信じる心って、一点の穢れもない無垢な白い地平でしょ。こういう相手に対しては、ある程度鈍感さを装ったほうがいい。一点でも汚すと、そこから汚染が一挙に広まっていきそうですもの。信じることって尊いし美しい。信じられる方は並の神経じゃもちませんん。

✹仕事の流儀

どん兵衛「いいかい？　全部をちゃんとやろうとしたって、あんたにゃまだその力はないいんだ、ムリしないで自分が客に聞かせたいと思うところを頑張るんだ、そうすりゃサラリーマンだろうが何だろうが、ちゃんと伝わるよ」

（『タイガー&ドラドン』「芝浜」の回、上144頁）

鈴鹿「今、日本で『天野アキ』をやらせたら、あんたの右に出る女優はいません、だから…続けなさい。向いてないけど続けなさい。向いてないのに続けるっていうのも、才能よ」

（『あまちゃん』第135回、第2部537頁）

「宮藤官九郎の仕事術」という本があったらぜひ読みたいと思います。だって、あれだけの量の脚本をこなし、監督もやり俳優もして、なおかつバンド活動やらラジオＤＪやら、その上、みうらじゅんさんとかと本も出して、そして夫やパパもこなして（？）……って、いったいどんなすごい能力をもっているのかと思うじゃないですか。これを〝天才だから〟とひとことで片付けてはもったいない。その秘訣を知りたいし、できれば少しでもあやかりたい。セリフのなかからちらりとでもその秘密が見えてこないかと探したのですが、ワタシの浅い情報ではそんなトップシークレットにはたどりつけませんでした。でも温かく滋味あるセリフを見つけました。それがこのふたつ。

仕事論としてはいたって正攻法。みえてくるのは、目下の仕事に対する愚直さと謙虚さ。そして未来に対しては楽観と鈍感。とにかくいま一生懸命頑張る。そして先のことはあんまり考えずに続ける。続けられたら、その先に何かはきっと見つかる。仕事の本筋って、どうあがいても、やっぱりこれしかないんでしょうね。

✹ニコラス・ロッキー・バーバレラ

りさ「女子高に勤務している男性教諭は3割から5割増しでカッコ良く見えるんです、荒俣宏がニコラス・ケイジに見えるんです！じゃ、おやすみなさい！」

うぬぼれ「……け、けいじで」

（『ごめんね青春！』第4話、125頁）

小沼「ケイジさん」
うぬぼれ「はい……三浦、三浦けいじです（と反応を見る）」
小沼「……」
うぬぼれ「……」
小沼「じゃあ、ニコラスさんって呼びますね」

（『うぬぼれ刑事』「癒し系」の回、75頁）

赤羽「のぶりんて……やだ」
別所「どうして？」
赤羽「なんか、あのねのねの人みたい」

（『マンハッタン・ラブストーリー』第5回、162頁）

弥生「ば、ば、バーバレラ」

花巻「バリアフリーだ」
（『あまちゃん』第126回、第2部453頁）

平助「あー、はいはい授業ね。先生ね、村井にピッタリのDVD持って来た、お父さん知ってます？「ロッキーホラーショー」
（『ごめんね青春！』第8話、259頁）

ここに取りあげた5つのセリフは、ワタシが好きなサブカルネタです。

まずは先の2つ。たまたま2つ見つけましたけれど、もしかしたらクドカン作品には、まだニコラス・ケイジが出てくるセリフがあるのかもしれません。2回あることは3回あるっていいますし。でもまたどうして？　どうしてニコラス・ケイジなの？　ニコラスが好きなのか？　にしても、荒俣さんに失礼ですよ。セリフによれば、荒俣さんはニコラス・ケイジの3割か5割減ってことじゃないですか。この二人をピックアップすることで、セリフの主の「りさ」がちょっと変わっている娘ということを表しているのかなあ。でも、荒俣さん、そんなにひどいですか？　ワタシからいわせると、ニコラス・ケイジも充分にオタクっぽいし、おでこ（ハゲ）の広さだって甲乙つけがたいです。

そして3つめのセリフ。〝のぶりん〟で「あのねのね」の原田伸郎が！　さらに次は、あの（袖が島の海女さんで「蛾」みたいな服を着ている）弥生（@渡辺えり）の口から、1962年公開（ロジェ・バデム監督！）のSF映画の名が語られ、そしてついに『ロッキー・ホラー・ショー』ですよ。日曜劇場で『ロッキー・ホラー・ショー』のDVDが登場したときには、嬉しくて思わずテレビの前で「おお！」唸ってしまいました。


ちょっと落ち着いて、まずこのセリフの背景を解説しますと、平助（@錦戸亮）の教え子に性同一性障害の村井くんがいます。このセリフは村井くんの心の状態を、2枚のDVDで説明するという場面で語られたもので、DVDのケースは稲川淳二の怪談話と1975年公開のイギリスのミュージカル映画『ロッキー・ホラー・ショー』。平助は、この2枚のDVDの中身が入れ替わっているのが、村井君の心の状態なんだと説明します。ワタシにもよくわかる。とてもいい例えです。

サブカル育ちなもので、ついついこうしたネタが出てくると楽しくて状況を見失いそうになりますが、よく考えるとちょっと疑問がよぎりました。老婆心ながらひとこと申し上げたいと思います。

平助は、普通の高校教師。普通というより、「タレカッパ」とか生徒たちにあだ名を付けられるような男です。どうみたってカラオケで「ゆず」とかを歌うようなタイプ。そんな男がカルト映画の『ロッキー・ホラー・ショー』を観るだろうか⁉

「ひとこと」って、そこ？　はい、そこです。

どう考えても『ロッキー・ホラー・ショー』は平助のキャラには合わない。いえいえ、現実にはこういう場合はありますよ。例えば、東儀英樹が実はロック好きとか。でも、この場面は平助の意外な趣味とかキャラをアピールするところじゃありません。身体は男性で中身が女性という村井くんの心の問題を、平助はどうやって生徒たちに説明し指導するのかという、平助の教師としての力量とか人間性を見せる場面です。稲川淳二の怪談話はまだしも、40年も前のカルト映画『ロッキー・ホラー・ショー』を持ってくる意味がわからない。テレビの前で観ていた高校生とかの若い子たちは「ロッキー？　何それ？」って思った人、多いと思います。

喜んだのは、ワタシのようなサブカル好きとか、クドカンファンでしょう。だって『ロッキー・ホラー・ショー』は平助ではなく、脚本を書いたクドカンの趣味だってすぐにわかりますから。先述の〝のぶりん〟も〝バーバレラ〟も〝ニコラスと荒俣さん〟もそうですよね。クドカンならではのセレクトです。

脚本はそれを生み出した作家のものですけど、物語の世界には登場人物たちのリアルがあるわけで、そこに創造主の姿は必要ありません。というか物語を書く人は、その物語のなかでは、自分の個人的趣味嗜好は排除しようとするはずです。人物のキャラクター造形にそうしたネタが必要ならいざしらず、物語にも人物にもあんまり関係なければそれは加えません、わかりにくくなるから。なのにクドカンは隙があればサブカルネタを突っ込んでくる。こうしたクドカンのしゃあしゃあとした遊び感覚は、これまでの脚本家にはなかった態度でしょう。

これは宮藤さんのファンサービスなのか？　それとも単なるおふざけなのか？　おそらく両方とも違います。宮藤さんは、どんな仕事であっても、アマチュア的な発想や楽しみ方を捨ててしまったら、その仕事は行き詰まると考えているんじゃないかと思うんです。ヘタをしたらキャラクターを壊しかねないような小ネタをセリフに入れるのも、プロにはなりたくないクドカン流の真面目な仕事の遊び方なのかもしれません。

アキ「…（略）…あまちゃんだって言われるだもしんねえげど、それでもいい。うん、プロちゃんには、なれねえし、なりだぐねえ」

「その道のプロです」と自認するひとって、それだけの自負とともに世間に受け入れられている自覚がなければ言えません。でも、だからこそプロはいつも自分の仕事を疑っていく必要があると思うんですよ。自分の仕事に満足したらもうそれはプロではない。だから本当のプロはプロとは自分で言わないはずなんです。自分のことをプロと言う人は引退者か引退間近な人なんじゃないかな。

（『あまちゃん』第147回、第2部629頁）

第9話 番外編 クドカン・ヤンキー論

あるいは
居酒屋酔夢譚

40歳の男ともだちがいます。ヤマダっていいます。フリーライターでユーチューバーを目指しているらしいんですが、いまだ独身。知り合って20年くらいになりますけどずっと彼女がいなくて、もしかしたら、ホモセクシャル？って思ったりもしたんです。ところが、昨年ようやく10歳年下の彼女ができまして、心の中で応援していたのですが、残念なことに最近、彼女から一方的に別れを切り出されたらしく、女がわからない！とわたしに泣きついてきたんです。

で、久しぶりに飲むことになりまして、場末の酒場でヤツのぐだぐだの愚痴と恨み節を聞きました。いい加減に酔いも廻ったし、ヤツの話も飽きたところで、リサーチのつもりでちょっと聞いてみたんです。

「クドカンの作品ってヤンキーが必ず登場するんだけど、あれって何だと思う？」

するとヤツは唐突にこういったんです。

「おそらく**オトコは**、**童貞気質とヤリチン気質に二分**できますね」

「や、や、やり、チ…？」

意味がわからなさすぎて、思わず下品きわまりない言葉を反復してしまいそうになったワタシに、ヤツは追い打ちをかけるように

「つまり言い換えると、**男はオタクとヤンキーに分けられる**ということです。ぼくが彼女

に振られたそもそもの原因は、ぼくが童貞気質だからなんだと思います。それは彼女と付き合う前から気づいていたことで、こうなることもどこかで予測していたことなんですよね」

と、もはや誰に向かって話しているのかわからない焦点の合わない目でこう呟いたんです。

「いやいや、あんたのことはもういいんだけど。だから、クドカンとヤンキーはどうなの？」

とワタシがたたみかけたところ、かえってきた答えがこれ。

「クドカンは、ヤンキーに憧れるオタクです。ボクと同類。そんなこともわからなくて、よくクドカンの本書くとかいってますよね！」

その思い込みの激しさが彼女に逃げられる理由だよ！と心のなかで毒づきましたが、そんなことおかまいなしに、それからヤツは延々と30分くらいノンストップでヤンキーについて語り続けました。まるで語ることで女の呪いを溶かして自由になっていくような……、いや違うな、語ることで再度呪われてそれで落ち着くような感じでしょうか。まあ、失恋ほやほやだから、ほとんど正気の沙汰ではないわけですよ。

でも、そんなヤツの「ヤンキーとクドカン論」がなかなか面白かった（支離滅裂で論としては偏ってますけど)。というわけで、ぜひ紹介したいのです。こっそりスマホで録音を始めたので、会話は唐突にはじまりますが、お許しを。

【2人の会話】(ON)

ヤマダ「だからもちろんボクもヤンキーには憧れていますよ。だって世の中のオンナたちは、みなヤンキーが好きだから」

ワタシ「またまたぁーそれは飛躍しすぎじゃないの? 私はヤンキーなんて全く興味がないなあ」

ヤ「ウソだ。ヤンキーがキライなんてウソだよそれは!」

ワ「そんなことないヨー、興味ないない。学生時代はロッキンオン志向だったし……」

【心の声】(OFF)

ヤマダの言葉にかぶせ気味に否定したワタシであったが、突然、あの頃の自分が甦ってきてこの時、フリーズしたんです。というのも、ロック少女を自認するワタシは、パンクからポップ、テクノまでその頃、尖っている洋楽が大好きだったんですけど、実は**横浜銀蝿**もキライじゃなかったんです。3つしかコードを使わない楽曲のシンプルさって頭に残

ります よ。でも、いま思えば横浜銀蝿ってヤンキーでしょ、もろ。

しかも冷静になって思い出せば、アノ当時、ワタシの学生鞄はぺちゃんこ、カーテンみたいなスカートに三つ折りソックス、紺色の特攻服が似合う男の子が好きで、バイクにも憧れていたわけで、実はワタシ、**隠れヤンキーだった**のでは‼と急に不安に襲われたんです。でも、もうこの年になると平気で過去を改竄できるので、「ヤンキーなんてダサイでしょ。少なくともワタシには鬱陶しい存在でしかないわ」と言い切ってみたわけです。ところがヤツは引き下がらない。

【2人の会話】（ON）

ヤ「ヤンキーがキライだなんてうそだよそれは！　女はみんなヤンキー的なものに弱い。**やつらは甘え上手**だから、女たちの母性はそれをほおっておけないでしょ」

ワ「いやいやいや、たしかに、女は甘えられると弱いというか、まあその辺は否定できないよ。でも、甘え上手はヤンキーばかりじゃないでしょ」

ヤ「わかってないなー。甘え上手ということは、それこそがヤンキーである証拠さ」

ワ「だってどうみてもオタクみたいな人とかスーツのサラリーマンとか、どんなタイプだって甘え上手がいるかもしれないじゃん」

ヤ「もちろんいますよ。だけど、そいつらは隠れヤンキーなんですよ。見た目はオタクで中身がヤンキー。というかぼくが言っているのは本質だからね。いいですか、甘え上手ってどういうことかというと、寂しん坊ってことでしょ」

ワ「寂びしん坊ね。あっ！　ちょっと待って、それで思い出した」

ヤ「なに」

ワ「オンナが、興味のあるオトコに語りかける常套句があるわ」

ヤ「なに」

ワ「**『アナタ寂しくないの？』**」

ヤ「ははあ、与謝野晶子風だな」

ワ「オトコの寂しさをくみ取ることのできるオンナを演出してるわけ」

ヤ「誰がさ」

ワ「この前、ある会合の3次会で若い女の子が横に座ったんだけど。ワタシの後輩の独身男に『前田さん、そんなに仕事ばかりして寂しくないんですか……？』って囁いていたのが聞こえてきて、なんかむかついてギッとにらんでやったって話なんだけど。要するに母性を手くだに使ったアプローチだよね。あれは完璧にナンパでしょ、女からの。あんたの場合は、もしそう言われても、それは言葉通りかもしれないけどね」

ヤ「まあそうだな……。でもほらね、だからヤンキーは女の欲するものをきちんと提供できるわけだよ。じゃあ、そんなヤンキー気質の男たちの常套句ってナニかわかる？」
ワ「結束とか義理とか、そういうのかなあ」
ヤ「違うちがう。**キイワードは〝俺の〟**さ」
ワ「ん？　オレノ……」
ヤ「俺のダチ、俺のルール、俺のチーム、俺の単車、そして俺のロンリーエンジェル。つまり、身内とか所有物に対する揺るぎなき確信と愛情。いわゆるヤンキーってケンカ早いっていうイメージあるけど、彼らが闘う意味は、俺のナニかを浸食されたとか奪われた場合なんだよ」
ワ「ふむ～なるほど。たしかに〝俺の〟ってヤンキー的なセリフだね」

✹自己愛の塊

ヤ「すみませ～んビールくださーい。ふたつね。あっ、ビールでよかったっすか？　それとなんか頼みます？」
ワ「ビールでいい。あといらない。でもさあ、キーワードはわかったけど、甘え上手だけでオンナがヤンキーに弱いというのは説得力なくない？」

ヤ「ヤンキーはロマンティックなんだよ。女は、たいていは自分が主役でしょ。どんな女でも白馬の王子さまがやって来ることをどこかで望んでいるでしょ。でも男の場合、自分がメインの物語を作ることが苦手な生き物なんですよ、ふつうはね。ところがアイツらは、それができちゃう。欲しいものとか自分が所有するものに対して何も疑わない。だから甘えることも平気なんだよね。**自己愛の塊**だから」
ワ「ああそうか、**自分のラブストーリーを演じられる**んだ。だから相手にも、ベタな恋愛ドラマを提供できるんだ」
ヤ「そうなんですよ」
ワ「考えてみたら、ヤンキーって甘ーいラブソングとか好きだよね。そういや、**エグザイル**とかもヤンキー好きでしょ。彼らの歌って、チョコレートの上に砂糖かけてさらにバニラクリームかけたくらいに甘いでしょ」
ヤ「そうそう、エクザイルの映画があったでしょ。テレビの番宣でみたけど、もろヤンキー映画だったよね」
ワ「うん、そうそう」
ヤ「それとさ、いまどうかは知らないけど、単車に乗っているヤンキーって、ラッパを改造して大音量で『ゴッドファザー』のテーマをかけてたじゃない」

ワ「うん。パパパ、パパパパパ、パパパパパァ〜って、うるさかったよねあれ」
ヤ「あの音って、翻訳すると〝**オレを抱きしめて……**〟っていう意味だから」
ワ「ぎゃはは〜なるほど！　納得できるわ〜！」
ヤ「だから、俺の女にならないか？っていうのは、そういうポジションを求める女の人には魅力あるわけですよ」
ワ「そうだね。確かにオンナは**誰かに所有される願望**って強いと思うし、それを相手からストレートに言われると、あまり好きじゃない男でもクラッとくるかもしれない……」
ヤ「ヤンキーは迷わないからね。所有するかしないか、欲しいか欲しくないかへの確信はほとんど一瞬で決められるから。だから結婚も早い」
ワ「うん確かに。しかもヤンキーって、結婚すると家庭的になるって印象が強いよね。というか、結婚したら奥さんにさらに母的なものを強く求めそう。外で暴れて、家でオンナに甘える的な」
ヤ「そうそう。そもそも**男はみなマザコン**でしょ。それをきちんと彼女に求められるのは、ヤンキーの率直さなんですよ。でもオタクはそれができない。しかも、みんな一緒とか、身内感覚を恥ずかしいと思うほうだからね。コミュニケーションの取りかたも屈折しているし」

ワ「つまり、ヤマダがヤンキーに憧れるのは――」
ヤ「世界に対する自己肯定感が羨ましいんですよ。疑わないでしょ、そういうことに対して」
ワ「じゃあ、どうしてヤマダはヤンキーになれなかったの？」
ヤ「そもそも自信ないし、かといってコンプレックスをバネに感情を爆発させる方法もわからない。童貞気質っていうのは、つまり童貞喪失までの物語をこじらせてるヤツらのことなんです。ヤンキーとの違いはそこなんですよ」
ワ「ふーん。つまり若い頃にきちんと恋愛できなかった、というかモテなかったってことだね」
ヤ「そうはっきり言われるとぐさっとくるけど、まあそういうことですね。ヤンキーになれないから、**自分だけの世界で好きなものに埋没する**。他人に共感を求めないっていうか……」

✸ヤンキーはヤンキーを語れない

ワ「そうやってオタクというものになっていくわけだな。でもさあ、こういう二元論的なハナシって若い子たちにも共有できるのかなあ。なんだかいま話していることって、すごく昭和的なニオイがするんだけど」
ヤ「そんなことないですよ。ヤンキーマインドの源泉は人情にあるからね。だからこそクドカンドラマが人気あるんでしょ」
ワ「どういうこと？」
ヤ「**ヤンキーはヤンキーを語れない**んですよ。彼らは〝俺の物語〟の中で生きているから客観視できない。**クドカンはそれを俯瞰できる**。しかも彼は、ヤンキー愛を自覚しているからね。だから、クドカン作品って必ずといっていいほどヤンキーが肯定的に出てくるでしょ。むしろヤンキーが主役ってぐらいに」
ワ「ん、まあね、『あまちゃん』もキョンキョンは元ヤンだったし、ユイちゃんもぐれてヤンキーになったしね。〝木更津〟も〝池袋〟も〝ごめんね〟にも〝ゆとり〟にも出てくる」
ヤ「**ヤンキーを描くと、家族とか愛とか仲間とかがすごくわかりやすく表現できる**んです。ヤンキーを媒介にしてクドカンは人間の情感を掬いとっているんじゃないかな。ただし戦中戦後派はダメ。ヤンキーってああ見えて、平和な世でこそ個性を発揮できる精神構造だから。凄惨な戦争をくぐり抜けてきた人は、無邪気なロマンスを構築しづらいから」
ワ「たしかに、『あまちゃん』が支持されたのは、おそらく団塊の世代までだよね。それより上の世代は、わけがわからなかったたって話はよく聞くわ。80になるうちの母さんは、オモシロクないっていってた。そこは『マッサン』とは違うよね」

ヤ「あのドラマは表向きは能念玲奈が主役だけど、**実際は小泉今日子が主役**でしょ。地方のヤンキーがどうやってその後を生きてきたかという物語なんですよ。僕はあのドラマ、ある意味で〝**貴種流離譚**〟でもあると思ってるんだよね。ヤンキーってコミュニティ用語みたいなもので、その地域で一目置かれる存在、異端を指す。それって現代の〝貴種〟でもあるんだよなあ」

ワ「はあ……」

ヤ「キョンキョン扮する春子は、袖が浜で知らぬものがいないほど一目置かれていたヤンキー娘だったわけで、その春子が北鉄という〝箱〟に乗って故郷を離れるところなんて、いかにも象徴的でしょ。東京でなんだかんだとあって正宗と知りあって救われる。でも、春子からすれば正宗は、何の興味もそそらない刺激もおもしろみもない男なわけ。で、離婚するつもりで春子は故郷に戻ってくる。地元では〝あの〟春子が帰ってきたと騒ぎになる——。つまり貴種性が承認されるわけ。ボクからみたら、アキもユイも春子の物語を完結させる狂言まわしの役割にしかみえないんですよ」

ワ「なんか……あんたすごいね、つーか、やっぱりオタクなんだね」

ヤ「まあ、つまりヤンキーは、クドカン作品の必須キャラということだな」
ワ「それって言い換えれば、大衆作家ということでしょ、いい意味で。だってヤンキー的なものこそ人情だっていうわけでしょ。えっ、えっ？　もしかしたらあんた……」
ヤ「ナニ？」
ワ「クドカンウォッチャーなのか？」
ヤ「いやいやいや、それはご想像におまかせしますけど。つまりヤンキーがヤンキーを書けないように、ワタシはワタシ的なクドカンが書けない。イノウエさんみたいなふつうのおばさんが書くのが丁度いいんじゃない」
ワ「なに⁉」
ヤ「あっ、すんません」
ワ「ふん、だから彼女に振られるんだよ！　もういい、帰ろや」
ヤ「そうですね。はあ、つかれた」
ワ「まあとにかく、**女にフラれたときにはジブリに限る**ってよ。〝木更津〟でヤクザ役のぐっさんがそう言ってたわ」
ヤ「そうっすか。じゃあ、ジブリの音楽でも聞いて寝るとします」（ＯＦＦ）

本書で取りあげた主な作品のご案内

（偏愛的視点で語っていますので、ご容赦ください）

■池袋ウエストゲートパーク（石田衣良原作。２００１年放送ＴＢＳ系列）

石田衣良原作の大ヒット小説の連続ドラマの脚本をクドカンが担当。主人公マコト（長瀬智也）は池袋の西口の商店街で果物屋を営む母（森下愛子）の手伝いをしながら、毎日ぶらぶらしているプータロー。というのは表向きで、彼は、街のギャング「Ｇ－ｂｏｙｓ」のリーダー・タカシ（窪塚洋介）も一目おく存在。だから、彼の元にさまざまなトラブルや事件が舞い込んで、何かと忙しい。そんなある日、マコトの彼女（？）リカ（酒井若菜）がラブホテルで殺される――。

原作しか読んでいない方は是非ドラマを観てほしい。ドラマしか観ていない方は是非原作を読んでほしい。クールでスタイリッシュなハードボイルドな原作世界に、汗と血と果物と焼きそばの臭いを染み付けたクドカンの徹底（暴走）ぶりに、「宮藤官九郎＝鬼才」を確信した作品。換骨奪胎とはまさにこのことを言うのだろう。

＊シナリオ：『宮藤官九郎脚本・池袋ウエストゲートパーク』（２００３・角川書店〈２００５・角川文庫〉）

■ロケット★ボーイ（２００１年放送フジテレビ系列）

宇宙飛行士に憧れ、２００１年にはキューブリックの映画のように宇宙旅行ができると信じて旅行会社に就職した小林晋平（織田裕二）。しかし、30歳になった晋平の前に、宇宙旅行の扉は開かず、同棲相手にも逃げられてしまう。そんなある日、父が設定した幼なじみとの見合いに気が乗らず、ふらふらと立ち寄った野球場。そこで、ひょんなことで知り合ったのが食品会社でメンマを売る鈴木（ユースケ・サンタマリア）と広告代理店に勤める田中（市川染五郎）。結局、晋平は見合いをすっぽかし、鈴木と田中と一緒に飲みに行ってしまう。「俺たち、このままでいいのか――」、それぞれの事情を抱え悩む３人は、この日から仕事や生活や恋愛事情でなにかと関わりあうようになっていく。

意外？にも名言率が高い作品で、紹介できなかったセリフが結構あるので、ここでひとつ紹介。

小林「ダメだ。話せば話すほど自分がバカに見える」（第１話・シーン42）

自分にもよくある心情。というか、クドカンの数多の名言を前に、何度そうおもったことか！

＊シナリオ：『ロケット・ボーイ』（２００６・角川文庫）

■木更津キャッツアイ（２００２年放送ＴＢＳ系列）

「海ほたるとアクアラインの街」と呼ばれる千葉県木更津市。湾の向こうに東京を望むこの町で普通の学生生活を送り、普通ゆえに東京に出る理由も見あたらない元木更津第二高校野球部の仲間、ぶっさん（岡田准一）、バンビ（櫻井翔）、うっちー（岡田義徳）、マスター（佐藤隆太）、アニ（塚本高史）の５人。暇をもてあましては、集まって草野球をするかビール飲む毎日のなかで、ぶっさんががんで余命半年と宣告されてしまう。とはいっても、本人はいたって普通だし、仲間もぶっさんが死ぬということにピンとこない。そんなある日、ぶっさんが、日頃から何かとムカついている草野球の監督・猫田（@阿部サダヲ）の外車を盗む計画を立てたことから、５人は怪盗団「木更津キャッツアイ」を結成。野球部の先輩でやくざの山口（山口智充）やアル中のホームレス・オジー（古田新太）など、町の住人たちを巻き込んでの騒々しい日々のなかで、ぶっさんの死は刻々と近付いていくのだった……。放送から10年以上経ったいまなお根強いファンがいる、池袋ＷＧＰと双璧をなす人気作品。

＊シナリオ：『木更津キャッツアイ』（２００２・角川書店〈２００３・角川文庫〉）

■マンハッタン・ラブストーリー（２００３年放送ＴＢＳ系列）

「純喫茶マンハッタン」は、テレビ局のそばにある自家焙煎コーヒーがウリの喫茶店。店には連日、放送関係者がブレイクタイムにやってくる。常連の売れっ子脚本家・千倉真紀（森下愛子）や振り付け師・別所秀樹（及川光博）、声優・土井垣智（松尾スズキ）、アナウンサー・江本しおり（酒井若菜）、俳優の船越英一郎（船越英一郎）、さらに店のアルバイトの蒲生忍（塚本高史）やタクシードライバー・赤羽伸子（小泉今日子）も加わって、恋愛相関図ができあがっていく。肝心の喫茶店の店長（松岡昌宏）は、客とほとんど会話をしない。しかし、孤高のバリスタを装いながら、ものすごい野次馬野郎で、客の話に心のなかで突っ込みをいれたり、驚いたり悲しんだり怒ったりしている。この時の松岡クンの顔の演技が見もの。

＊シナリオ：『マンハッタン・ラブストーリー』（２００３・角川書店）

■ドラッグストア・ガール（２００４年公開、大友克英監督）

薬科大生の大林恵子（田中麗奈）は、彼氏の家に急いでいた。おしっこが漏れそうだったのだ。ようやくたどりついた恵子は、急いで合鍵をまわし、トイレに駆け込んでホッと安心したのはつかの間、シャワーカーテンの向こうのユニットバスに、なんと彼氏と見知らぬ女が入浴中だった！　信じられない光景にコンマ1秒で事態を分析。咄嗟にクロス（ラクロス用のラケット）だけを手に持ち、家から飛び出した。あてもなく電車に乗り行き着いたのは、シャッター街が広がる郊外の町だった。そこで恵子は辺りに圧倒的な威圧感を与える大型ドラッグストア「ハッスルドラッグ」の看板を読む。ふらふらと店に入り、そのままバイトをすることになった恵子。一方、大型店の開店に怯える地元商店街のおやじたちは、大型店への営業妨害を企てていた。ところが、恵子の出現に計画が一転。その可愛さにすっかり骨抜きになったおじさんたちは、恵子の指導の元でラクロスのチームを作ることになってしまったから、話はとんでもない方向に——。

『少年メリケンサック』へと続く美少女とおっさんたちが連帯（？）するという組み合わせ。宮崎あおいといい、田中麗奈といい、きかん気のある押しの強い、目力の強い女の子がクドカン作品ではことさら魅力的です。老婆心ながら、そんな女の子が好みなんだと思いますよ宮藤さんは。使い古された感があるけれども、角川映画で全盛時代を経験したおばさんとしては『セーラー服と機関銃』のクドカン版なぞ是非観てみたい気がします。

＊シナリオ：『ドラッグストア・ガール　シナリオブック』（2004・講談社）

■鈍獣（2004年舞台／2009年映画〈監督・細野ひで晃〉／第49回岸田國士戯曲賞を受賞作品）

雑誌編集者の静（西田尚美※以下キャストすべて舞台版）が、失踪した作家・凸川（池田成志）を探しに、彼が育ったという小さな町にやってきた。消息をたよりに訪ねていったのは、寂れたホストクラブ。そこで出会ったのは凸川をよく知っている面々。ホストクラブの店長・江田（古田新太）、地元の警官・岡本（生瀬勝久）、そして江田の愛人・順子（野波麻帆）、順子の後輩でブリッ子ホステスのノラ（乙葉）。彼らの妙な態度に、静は彼らが凸川のことで何かを隠していると疑いはじめる――。凸川は果たして生きているのか死んでいるのか、そもそもそれさえも意味がないような不条理でダークなファンタジー。

舞台版で面白いのが、冒頭に出てくる3人のキオスクのおばちゃん（生瀬・古田・池田が変装している）のナンセンスなやりとり。3人のおばちゃんは、まるで『マクベス』に出てくる3人の魔女を彷彿させる。もしかしてクドカンはそれを意識したのだろうか？　そうなのか？　ということは、この意味不明な3人の言葉はおまじないかも⁉

生瀬「うべべべべべ」

古田「うしししししし」

池田「げへへへへへ」（「駅前のタクシー乗り場」の場面）

＊シナリオ：『鈍獣』（2005・PARCO出版）

■タイガー&ドラゴン（2005年放送TBS系列）

みなしごの山崎虎児（長瀬智也）は、新宿流星会の組長（笑福亭鶴瓶）のもとに身を寄せるヤクザ。ある日、組長から落語家林屋亭どん兵衛（西田敏之）の借金の取り立て役を任される。そこで虎児は初めてどん兵衛の高座を聞き、その面白さに感動した虎児はすぐさま弟子入りを志願するも、怖じ気付いて首を縦に振らないどん兵衛。一計を案じた虎児は、どん兵衛に奇妙な提案を申し出る。それは、虎児がどん兵衛から噺を習うごとに「授業料」を払い、その金が転じてどん兵衛の返済金となり、それを虎児に支払うというものであった。果たして虎児は林屋亭一門に入門、やくざと落語家という二足のわらじをはくことになる。そこで出会ったのが、どん兵衛の次男で、落語の天才と期待されながらも家業を継がず、裏原宿で売れない洋服屋を営む竜二（岡田准一）だった――。

一話ごとに古典落語の演目がお題となり、落語とドラマのストーリーをリンクさせるというクドカンの天才ぶりが発揮された超アクロバティックな作品。脇を固める女優陣がいい。母親・谷中小百合役の銀粉蝶、嫁・谷中鶴子役の猫背椿、虎児や竜二が翻弄される魔性の女・メグミ役の伊東美咲、そして竜二の店で働く従業員リサ役の蒼井優、どの女優さんもはまり役！

＊シナリオ：『タイガー＆ドラゴン』（２００５・角川書店〈２００７・上下・角川文庫〉）

■舞妓Ｈaaaan!!!（２００７年公開、水田伸生監督）

食品会社に勤める鬼塚公彦（阿部サダヲ）には夢があった。それは中学生から憧れ続けている舞妓さんとお座敷遊びをすること。そんな公彦に絶好のチャンスが訪れる。人事異動で京都支社に転勤となったのである。舞い上がった公彦は、つきあっていた彼女（柴咲コウ）をあっさりと捨て、いざ京都へ。そこからはまさに猪突猛進の連続。会社に利益をもたらせばお茶屋に連れて行くという社長との約束を取り付けた鬼塚。約束通りに新しい商品を開発して大ヒットさせ、無事お茶屋デビューを果たす。

さらに、お気に入りの舞妓・駒子（小出早織）が見つかってからは、ライバルの内藤（堤真一）を蹴落とすために、プロ野球にも俳優にも格闘家にもなってしまうという、ありえない設定とありえないスピード感で、エンドロールまで突き進むダイハードも真っ青な（バイオレンスはないけど）ジェットコースター的作品。

いわゆるサクセスストーリーではあるが、人間やる気になればなんでもできる！　夢はあきらめるな！的なメッセージは全然伝わってこない。むしろ、鬼塚のわき目もふらなさがバカみたいで元気が出る。
＊シナリオ：『舞妓Ｈａａａａｎ!!!』（２００７・角川書店）

■少年メリケンサック（２００９年公開、宮藤官九郎監督／脚本）

レコード会社で新人発掘担当の栗田かんな（宮崎あおい）は、ネットで評判になっているパンクバンド「少年メリケンサック」を発見しデビューさせようと意気込む。ところが、メンバーに会ってびっくり。バンドは25年前に解散しており、本人たちは画像の中の若者と同一人物とは到底信じられない冴えないおっさんになっていた。しかし、本人たちの事情をよそにネット上の人気は高まるばかり。ついにライブツアーが決まってしまう。すでに楽器も満足に弾けず、腹は二段腹、アゴは二重あご、アル中で、痔持ちで、ネットも満足に使えないおっさんたちの背中を無理やり押しながら、かんなとバンドメンバーは全国ツアーに旅立つのだが……。

25年前の乱闘が原因で体に麻痺が残ったボーカル・ジミー（田口トモロヲ）の和製ジョン・ライドンぶりが痛々しくも感動。
＊シナリオ：『少年メリケンサック　アンソロジー』（２００９・角川書店）

■うぬぼれ刑事（2010年放送TBS系列ドラマ）

恋愛体質で結婚願望が異常に強い刑事うぬぼれ（長瀬智也）が、事件を解決しながら運命の女性に出会うまでを描いた一話完結のドラマ。これだけでは単なるラブストーリーに思えるが、宮藤官九郎がそんな単純な物語を創るわけがない。この物語のお約束は、うぬぼれが毎回恋する女性が、必ず事件の犯人だということ。で、必ず最後はうぬぼれが逮捕状と婚姻届けを用意し、「結婚してくれるなら逮捕しない」とプロポーズするというオチがつく。果たしてうぬぼれは運命の女性に出会うことができるのか――。

毎回、ゲスト（犯人役）として登場する女優陣のラインナップと役どころが楽しい。ワタシの周りのおじさんたちの間では『あまちゃん』に次いでこの作品が意外にも人気が高い。

＊シナリオ：『うぬぼれ刑事』（2010・角川書店）

■中学生円山（2013年公開、宮藤官九郎監督／脚本）

団地に住む円山克也（@平岡拓真）は、妄想好きでマンガばかり書いている中学2年生。一見どこにでもいる少年だが、ちょっとだけ変わった習慣があった。それは、ある妄想（詳細は本文

102頁を参照ください）の実現のために日夜厳しい修行を自分に課していること。そのために酢を飲み、前屈運動を怠らない。さらに、カラダの柔軟度を高めるためにレスリング部にまで入る力の入れようだ。ある日、団地に赤ん坊を連れたシングルファーザー・下井辰夫（@草彅剛）が引っ越してきた。克也の修行の目的を知っているかのような下井の口ぶりや謎の行動に、興味を抱きはじめる克也。そんな折、近くの川縁での殺人死体が発見される。もしやこの事件に下井が関係しているのではないか？　克也の妄想はますます大きくふくらんでいく――。

下ネタ満載の映像が氾濫する中で、克也の妹・あかね（@鍋本凪々美）と井上のおじい（@遠藤賢司）が土手の草むらに座り込んで話をする場面だけは、まるで泥池の中に咲く蓮みたいでステキだった。

＊シナリオ：なし。参考文献：『中学生円山本　中学生円山オフィシャルブック』（２０１３・東京ニュース通信社）

■あまちゃん（２０１３年ＮＨＫ連続テレビ小説）

東京で暮らす高校生の天野アキ（能年玲奈）は、夏休みに母・春子（小泉今日子）に連れられて初めて母の故郷である岩手県北三陸の袖が浜にやってきた。そこで、海女として現役で働く祖母・夏（宮本信子）と初対面する。北三陸の自然や人々に馴染んでいくなかで、アキは次第に海女としてここで暮らしたいと願うようになる。そして母・春子もまた離婚を決意し、二人は袖が浜にくらすことに。そんなアキに友達ができる。圧倒的な押しの強さと強烈な個性をもつ美少女・足立ユイ（橋本愛）。アイドルになるために東京に出ていく計画をひたすら練るユイだったが、町おこしと家族のために仕方なく出場した「ミス北鉄」コンテストでグランプリを取るや、逆に東京からアイドルオタクが押し寄せてくる。さらに海女修業中のアキも、地域のホームページでユイとともに映像デビューしたことでご当地アイドルとして注目を浴びる。そして、ついに東京の大物プロデューサー荒巻太一（古田新太）の目にとまり、スカウトのために水口（@松田龍平）が送り込まれてくる——。

北三陸の架空のまち「袖が浜」を舞台に、家族・友情・夢・そして町……さまざまな「再生」の物語が描かれるこのドラマは、日本中に「あまちゃん」ブームを巻き起こし、世に宮藤官九郎の名を知らしめた。ベスト脇役を挙げようとすると数人ではすまないほど、どの俳優も魅力的。震災の後、東京にいるアキがこう言う。

「寝る前に、ひとりずつ思い出すんだ。みんなが、どんな顔で笑ってだが」（第134回）。

それをテレビで観ながら、アキと同じように登場人物全員の顔が浮かんできた。こんなドラマ体験は、多分もうないと思う。

＊シナリオ：『連続テレビ小説　あまちゃん完全シナリオ集　第1部・第2部』（2013・角川マガジンズ）

■ごめんね青春！（2014年放送TBS系「日曜劇場」）

静岡県三島市が舞台。原平助（錦戸亮）は母校でもある仏教系男子校・東校の国語教師。彼には誰にも言えない秘密があった。高校時代に、失恋の腹いせに隣接するカトリック系女子校・三女へロケット花火を飛ばし、礼拝堂を焼失させてしまうという事件を起こした過去があった。このとき、事件の責任を問われたのは、礼拝堂にいた平助の親友・サトシ（永山絢斗）と失恋の相手・蜂矢祐子（波瑠）だった。平助は火事の原因が自分にあることを名乗り出ることができず、一方のサトシと祐子は退学して行方しれずとなってしまう。それ以来、両校は犬猿の仲に。

そんな過去を隠しつつ教師を続ける平助だったが、ある日、経営不振を理由に東校と三女が合併する計画が持ちあがる。罪滅ぼしのように共学化を推めようとする平助の前に立ちはだかったのが、祐子の妹で三女の英語教師りさ（満島ひかり）だった——。

平助が唯一真実を隠さずに語れる相手が、実家の寺の自室にある菩薩像（亡くなった母・みゆき〈森下愛子〉の化身?）という設定がいい。菩薩（母）曰く。

「後ろめたさもメタファーだからね。母さんは、後ろメタファーだからね」（第6話）

これも名言です！

＊シナリオ：『日曜劇場　ごめんね青春！』（2014・KADOKAWA）

■ゆとりですが何か（２０１６年放送・日本テレビ系列）

坂間正和（岡田将生）30歳は、のんびり屋のマイペースで打たれ弱い、いわゆるゆとり第一世代。食品卸会社の営業マンとして働いているものの〝ゆとりモンスター〟のような後輩に振り回され、あげくに会社の関連事業である居酒屋チェーンの店長として出向命令が下る。仕事に行き詰り、途方にくれた彼がすがったのは、１時間１０００円で悩みを聞いてくれる「レンタルおじさん」。さっそく予約をして約束の店にいくと、レンタルオジサンこと麻生（吉田鋼太郎）の前で号泣し悩みを訴える小学校教師・山路（松坂桃李）がいた。これをきっかけに知り合った２人は、ある晩、風俗店の呼び込みにだまされ、ぼったくりバーで大金を取られてしまう。ところがそれが縁で、２人をだました呼び込み屋の道下まりぶ（柳楽優弥）が、正和の居酒屋に毎日顔を出すようになる。やがて、いつしか３人の間に友情が芽生えていく――。

主役３人と正和の恋人宮下茜（安藤サクラ）の演技が素晴らしいのは当然として、意外にも正和の妹・ゆとり役のＡＫＢ48の島崎遥香が、就活中の不安定な女の子をリアルに演じていて良かった。

＊シナリオ：『ゆとりですがなにか』（２０１６・ＫＡＤＯＫＡＷＡ）

あとがき――あるいは旅を終えて

どんな旅でもそうなんですけど、旅から家に戻ってくるといつも感じるのが、〝そうだ、あそこにも行けば良かった〟〝もっとあそこをゆっくり廻ればよかった〟〝あらら、最初は旅の計画に入っていたのに、すっかり忘れていたわ〟などなど、やり残したことへのちょっとした後悔です。いまの私はまさにそんな気分です。

最初にピックアップしたセリフは240個。本文に紹介したのはそのうちのわずか90余りです。後ろをふりかえると、たくさんのキラキラしたセリフが紹介しきれずに残っています（最新作『TOO YOUNG TO DIE！若くして死ぬ』も紹介したかったんですけど、劇場の暗闇でセリフをメモることができず、DVDもシナリオもまだ出てなくて断念したのも心残り……）。なんだかもったいない。もっともっとたくさん紹介できればよかった、ちょっとそう思っています。

とはいえ、いまこうして、本文で取り上げたセリフを眺めてみると、これぞ名言！と確信できるものもあれば、なぜこれを選ばずにこっちを選んだのか、といわれそうなセリフもあります。でも、脚本を読んでいくと、そんな些細なセリフがなぜかひっかかる。気になって、気になり続けて、ついには〝どうしてワタシはそのセリフを捨てられないのか〟――その理由を考えざるを得なくさせてしまうほど。

だから、一時止まって、そのひっかかるものが何かをじっと凝視してみたら、おぼろに見えてきたのはワタシ自身のこと。結局、クドカン作品を紹介しながら、ワタシは自分自身を掘り起こしていたんだと思います。そして、思いも寄らなかったたくさんの自分を発見をしました。それができたのも、テーマも何も考えず、ひたすらクドカンの名セリフたちとフリーセッションする気持ちで臨んだから。まさに即興的効果だと思っています。クドカン通の方々には物足りないところも多々あるかもしれませんけれど、ワタシ自身にとってはとても有意義で楽しい旅でした。〝ダイブ〟して良かった。

そして今朝、偶然にもあることを発見してしまいました。ふと目にした新聞で読んだ生物学者・福岡伸一さんのコラムに、〝クドカン的なもの〟を見つけたのです。

「流れを作り出すには、作る以上に壊すことが必要だ」（朝日新聞、２０１６年10月13日掲載、「福岡伸一の動的平衡46」）

これを読んでハッ！としたワタシは、すぐに積ん読（つんどく）本だった『動的平衡』福岡伸一著（２００９・木楽舎）を引っ張り出しました。ぱらぱらぱらぱらとめくって、こんな文章が。「絶え間なく壊すこと以外に、そして常に作りなおすこと以外に、損なわれないようにする方法はない」。これってクドカンじゃないか！　クドカンのスタイルじゃないか！　そうひらめいてしまったんです。

「何言ってんだ⁉この人！」と笑っておられる人もいるでしょうね。というか、会ったこともない超人気作家のことを、ああだこうだと勝手にきめつけて、ついには頭がおかしくなったのかと言われるかもしれません。先日も村上春樹さんの『小説家としての職業』を読んでいて、ある一文にドキッとしたばかり。「本来関係のない2つのものごとのあいだに、このような因果関係を（いわば）勝手に求められても、僕としては困ってしまいます」。

はい、すみません、それはそうでしょう。宮藤さんもさぞかし困惑されていることと思います。でもこれで最後ですので言わせてもらいます。

宮藤官九郎は「動的平衡」的作家だった！

生物学的知識はまったくないので、あくまで福岡さんの受け売りとイメージで言っているんですけど、福岡さん曰く、動的平衡とは生きていることの本質であって、すなわち「絶え間のない分解と更新の流れ」のことを言うらしいのですが、これってモノ作りにも当てはまると思うんです。壊して作られるからこそ循環する。つまり壊さなければ、新しいものは生まれない——。

クドカンは多作です。しかも作品は多種多様。それらを紡いできたのは、ダイナミックで過激で思いっきりの良いタフな創造性だと思うんです。なんてったってパンクバンドのギタリストですから、壊して作るのはお手のもの。ほら、『あまちゃん』でアキの初レギュラーとなった番組タイトルも「みつけてこわそう」だったじゃないですか。壊してまた(新たな作品を)作っていく。その「流れ」のなかにいることで、物語の生命は保たれる。そして、その絶え間ない平衡(つりあい)のなかにいるからこそ、あの泰然とした空気感が本人から醸されるんだと思うのです。

「変わらないために、変わり続ける」(by福島伸一)。つまり動的平衡って、それ自体が自然なことであって、至って普通。普通であることは、常にクリエートされているってこと。だからこそカッコイイ。それこそが、クドカン作品を貫くテーマではないかと思います。

いま宮藤さんを断定的に「動的平衡」的作家だと言いましたけど、それは宮藤さんだけにあてはまるオリジナリティじゃない。

宮藤さんにとって宮藤さんの「動的平衡」があるように、ひとりひとりにも「動的平衡」がある。そして、私にも私の場所がある。だからこそ、みつけてこわして作って生きていける。はからずも我が師匠が言ってました。失うことをおそれてはいけない――。いまこの本を書き終えて、その言葉を思い出しています。（おわり）

《参考文献および引用の出典》

■宮藤官九郎シナリオ本

『ピンポン・シナリオブック』(2002・小学館)
『木更津キャッツアイ』(2003・角川文庫)
『マンハッタン・ラブストーリー』(2003・角川書店)
『宮藤官九郎脚本 GO』(2003・角川書店)
『ドラッグストア・ガール　シナリオブック』(2004・講談社)
『宮藤官九郎脚本・池袋ウエストゲートパーク』(2005・角川文庫)
『鈍獣』(2005・PARCO出版)
『くど監日記 真夜中の弥次さん喜多さん』(2005・角川書店)
『ロケット★ボーイ』(2006・角川文庫)
『タイガー&ドラゴン』(2007・上下・角川文庫)
『舞妓Haaaan!!!』(2007・角川書店)
『少年メリケンサック　アンソロジー』(2009・角川書店)
『うぬぼれ刑事』(2010・角川書店)

『連続テレビ小説　あまちゃん完全シナリオ集　第1部・第2部』（2013・角川マガジンズ）
『日曜劇場　ごめんね青春！』（2014・KADOKAWA）
『ゆとりですがなにか』（2016・KADOKAWA）

■その他

『アイデン&ティティ』（みうらじゅん著・1992・青林堂）
『街場のマンガ論』（内田樹著・2010・小学館）
『いまなんつった？』（宮藤官九郎著・2013・文春文庫）
『みうらじゅんと宮藤官九郎の世界全体会議』（みうらじゅん／宮藤官九郎共著・2016・集英社）

井上美香（いのうえ・よしか）の自己紹介

バブル全盛の頃、『ロッキー・ホラー・ショー』を観るために某ミニシアターを訪れ、その翌日から映画館に通い続けた揚句、そのまま社員におさまる。もぎりから始まりリーフレットや広告作り、企画、映写に至るまで映画館運営の携わりながらも、ある日突然、きれいなOLに憧れて退職。事務職のつもりで入社したバイオテクノロジックなベンチャー企業で、社長に「爪の短さ」を褒められ研究室の助手として配属。きれいなOLを目指したつもりが、一転、白衣姿となり暗くじめじめした研究室で妖しげな菌たちとまみえる日々を送る。が、1年で社長とケンカして辞め、その後、いろいろとありながらも雑誌などにコラムを発表しつつ、哲学者で作家の鷲田小彌太氏のアシスタントに。入社初日に「わたしの事務所にいる間に本を1冊書きなさい」と言われたことが現実となり、これまで地元関連の本を3冊出版。退社後のいまは、お世話になった方々に感謝しつつ文章修行を続けている……。

いい年をしていまだに人見知りがひどく、しらふの状態で慣れない人と話すと緊張のあまり涙と鼻水が止まらなくなるという壊れた自律神経にほとほと手を焼いている。札幌市在住。

共著に『なぜ、北海道はミステリー作家の宝庫なのか？』（2009、亜璃西社）、著書に『北海道人が知らない北海道歴史ワンダーランド』（2012、言視舎）、『［増補・改訂版］北海道の逆襲』（2016、言視舎）。

装丁………山田英春
DTP制作………勝澤節子
編集協力………田中はるか

クドカンの流儀
宮藤官九郎論　名セリフにシビれて

発行日❖2016年12月31日　初版第1刷

著者
井上美香

発行者
杉山尚次

発行所
株式会社言視舎
東京都千代田区富士見 2-2-2 〒102-0071
電話 03-3234-5997　FAX 03-3234-5957
http://www.s-pn.jp/

印刷・製本
モリモト印刷㈱

ISBN978-4-86565-071-6 C0074

言視舎刊行の関連書

[増補・改訂版]
北海道の逆襲
眠れる“未来のお宝”を発掘する方法

978-4-86565-046-4

地元の良さを再発見！北海道は住んでみたい土地ナンバーワン、でも住んでみたい≠住みやすい。過疎、財政など、悩める問題、逆襲すべき課題は多々。足元で“凍っている”お宝を活用して、逆襲です。

井上美香著　四六判並製　定価1400円＋税

北海道人が知らない
北海道歴史ワンダーランド

978-4-905369-40-0

蝦夷地＝北海道は世界で「最後」に発見された場所だった！「黒船前夜」の歴史物語から、すすきの夜話、熊に食われた話、現代の壮大なフィクションまで。北海道のいたるところに秘められた物語を幻視します。

井上美香著　四六判並製　定価1600円＋税

小説・シナリオ二刀流　奥義
プロ仕様
エンタメが書けてしまう実践レッスン

978-4-86565-041-9

『武士の家計簿』『武士の献立』の脚本家が直接指導！類書にない特長㈰シナリオ技術を小説に活かす方法を伝授㈪シナリオと小説を添削指導、どこをどうすればいいか身につく、㈫創作のプロセスを完全解説、創作の仕組みが丸裸に。

柏田道夫著　A5判並製　定価1600円＋税

アマチュア落語に挑戦する本！
独学なのに３ヶ月で１席できます

978-4-86565-054-9

お気楽流日本一敷居の低い入門書！カラオケ３曲覚えるくらいのノリでいいんです！どんな稽古をすれば３カ月で１席マスターできるか、１カ月単位で紹介。落語の「いろは」や楽しみ方、経験者のインタビューも。イラスト多数

室岡ヨシミコ著　Ａ５判並製　定価1600円＋税

大阪のオバちゃんの逆襲

978-4-86565-021-1

大阪のオバちゃんは誤解されすぎ！　ここらで逆襲や！いつも心に大阪のオバちゃんを！
　東京に来た「真性大阪のオバちゃん」が、陽気でフリーダムで笑いがいっぱいのその魅力とオモロサを報告！日本にはこのノー天気な生き方が必要

源祥子著　四六判並製　定価1400円＋税